포디큐브와 함께하는
피지컬코딩

핑퐁 로봇몰 구매 사이트

https://shop.roborisen.com/

집필진 약력

김인주   호서대학교 혁신융합학부 초빙교수

송인형   벌곡초등학교 교사

윤복일   상서초등학교 교사

이민혜   대전상원초등학교 교사

이준기   대전전민초등학교 교사

전수진   호서대학교 혁신융합학부 교수

발행일 2025년 5월 17일 개정판 1쇄
저 자 (주)로보라이즌
집필진 김인주·송인형·윤복일·이민혜·이준기·전수진
펴낸이 심규남
기 획 심규남
표 지 권현영 | **본 문** 이경은
펴낸곳 연두에디션
주 소 경기도 고양시 덕양구 삼원로 73 한일윈스타 지식산업센터 8층 809호
등 록 2015년 12월 15일 (제2015-000242호)
전 화 031-932-9896
팩 스 031-624-2176
ISBN 979-11-93177-57-0
정 가 16,000원

이 책에 대한 의견이나 잘못된 내용에 대한 수정정보는 연두에디션 홈페이지나 이메일로 알려주십시오.
독자님의 의견을 충분히 반영하도록 늘 노력하겠습니다.
홈페이지 www.yundu.co.kr

※ 잘못된 도서는 구입처에서 바꾸어 드립니다.

포디큐브와 함께하는
피지컬코딩

(주) 로보라이즌

YD 연두에디션

차례

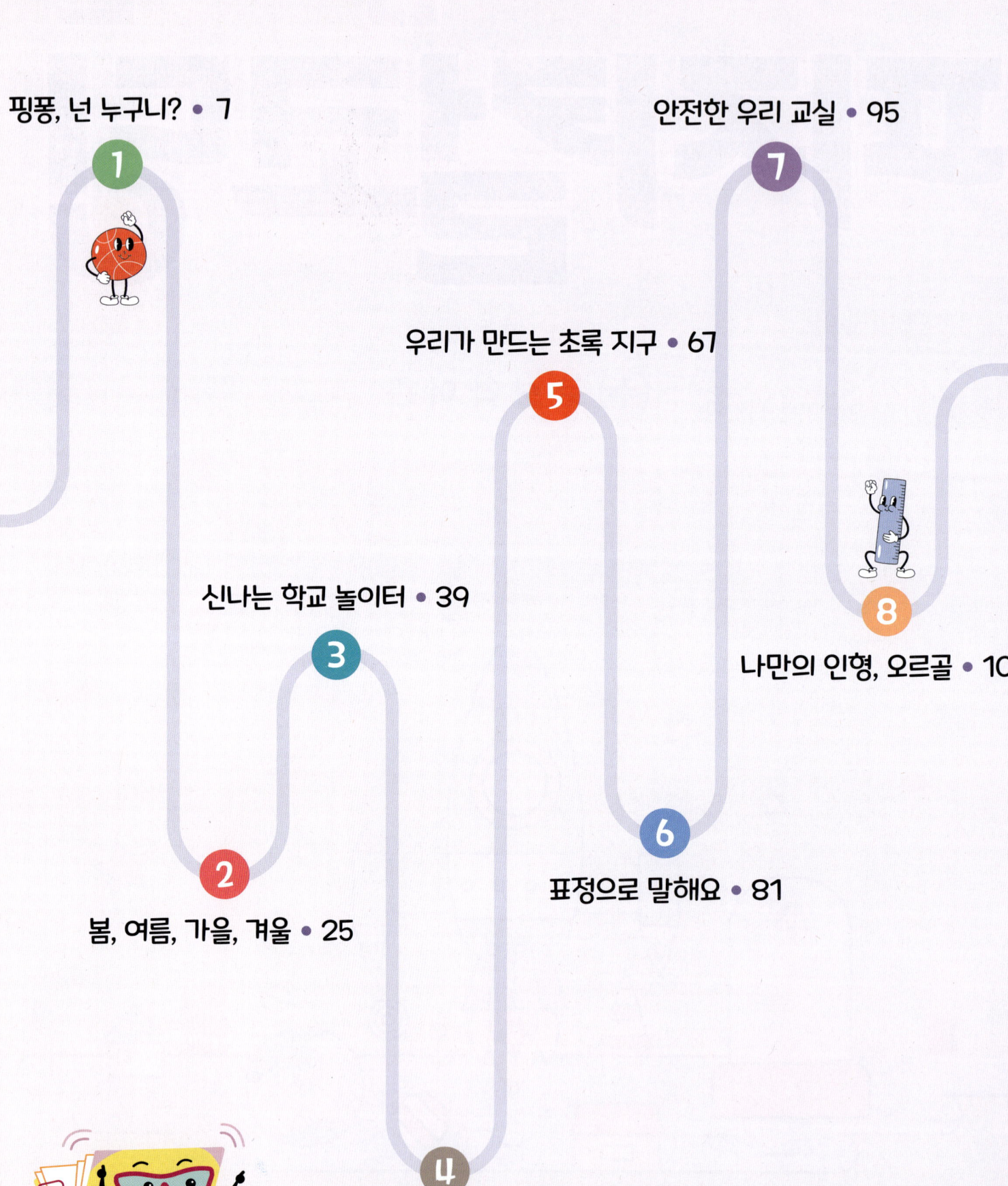

1. 핑퐁, 넌 누구니? • 7
2. 봄, 여름, 가을, 겨울 • 25
3. 신나는 학교 놀이터 • 39
4. 지구 밖으로 떠나는 여행 • 53
5. 우리가 만드는 초록 지구 • 67
6. 표정으로 말해요 • 81
7. 안전한 우리 교실 • 95
8. 나만의 인형, 오르골 • 109

포디큐브와 함께하는 **코딩놀이터**

우리의 하루 • 137
10

나비야 나비야 • 167
12

9
나는 나를 사랑해 • 123

11
우리 마을 탐험대 • 151

핑퐁, 넌 누구니?

- 포디프레임으로 글자를 만들 수 있어요.
- 핑퐁 큐브와 핑퐁 스크래치 앱을 연결할 수 있어요.
- 큐브 단추를 눌러 스프라이트를 이동시킬 수 있어요.

하드웨어와 소프트웨어 알아보기

생활 속에서 사용하는 기계 장치 '하드웨어'

노트북

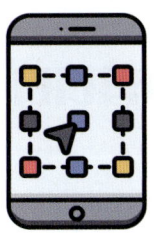
스마트폰

태블릿

하드웨어에 명령을 내려 일을 하게 하는 '소프트웨어'

정보 검색

네비게이션

메신저

우리가 사용하는 하드웨어와 소프트웨어에는 무엇이 있을까요?

핑퐁 큐브와 핑퐁 스크래치 앱은 하드웨어일까요? 소프트웨어일까요?

오늘은 핑퐁 큐브와 스크래치 앱을 연결해 활동을 시작해 보아요.

 **생각열기**

하드웨어와 소프트웨어를 사용해 본 경험을 이야기해 봅시다.

 **오늘의 작품을 소개합니다**

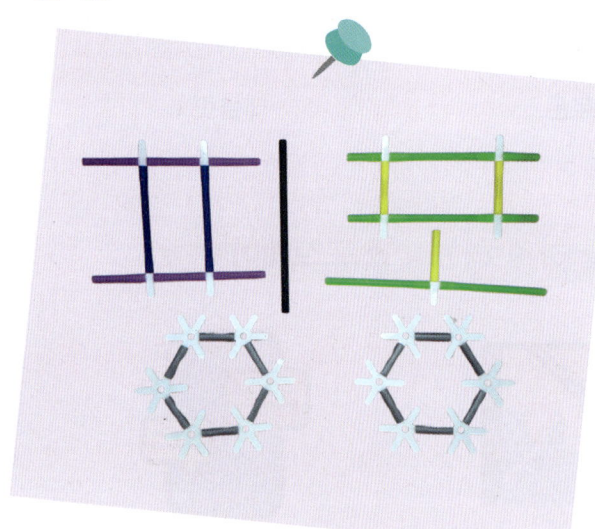

포디프레임으로 '핑퐁', '코딩' 글자를 만들어 보아요.

필요한 준비물을 알아보아요

핑퐁 큐브 1개

핑퐁 스크래치 앱

포디프레임

필요한 준비물을 함께 찾아보아요

포디프레임 막대를 직접 대보고 크기를 비교해서 준비해 봅시다.

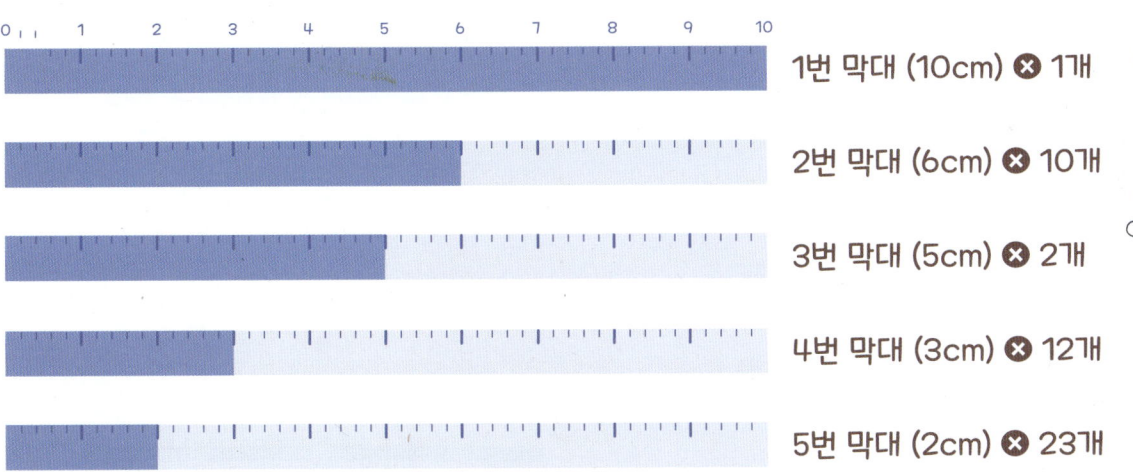

- 1번 막대 (10cm) ✕ 1개
- 2번 막대 (6cm) ✕ 10개
- 3번 막대 (5cm) ✕ 2개
- 4번 막대 (3cm) ✕ 12개
- 5번 막대 (2cm) ✕ 23개

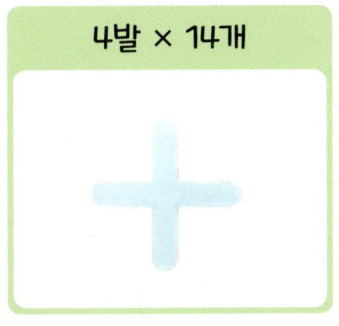
4발 × 14개

6발 × 18개

뚝딱뚝딱 함께 만들어요

포디프레임으로 '핑퐁'과 '코딩' 글자를 만들어 봅시다.

① 연결고리 ✚ 를 이용해서 **4번 막대** 6개와 **2번 막대** 2개를 연결해서 'ㅍ'을 만들어요.

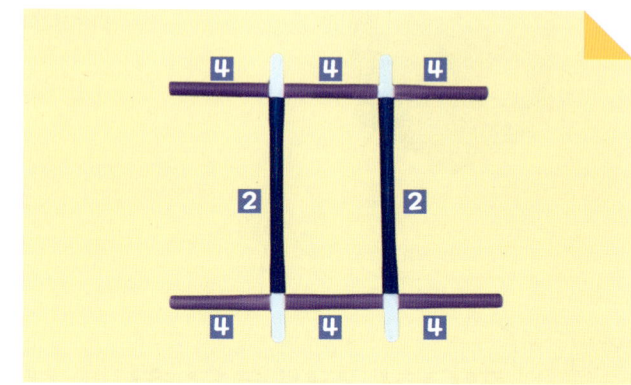

② 연결고리 ✚ 를 이용해서 **2번 막대** 2개, **4번 막대** 2개, **5번 막대** 4개를 연결해서 'ㅁ'을 만들어요.

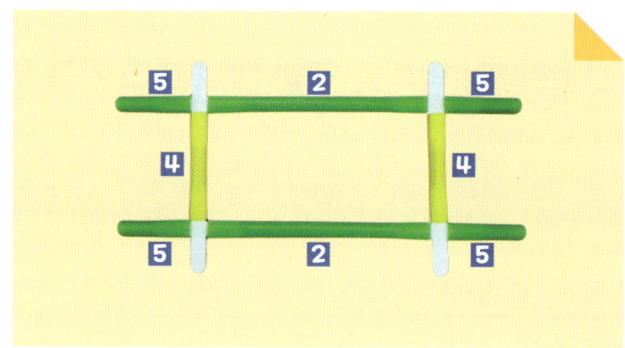

③ 연결고리 ✚ 를 이용해서 **2번 막대** 2개와 **4번 막대** 1개를 연결해서 'ㅗ'을 만들어요.

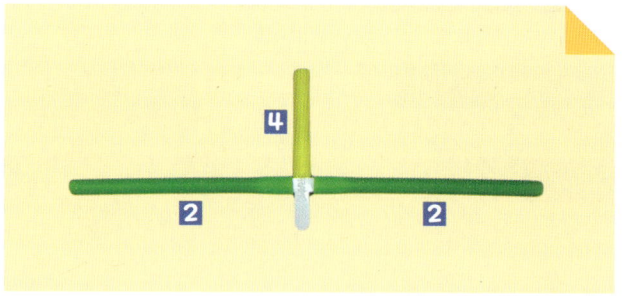

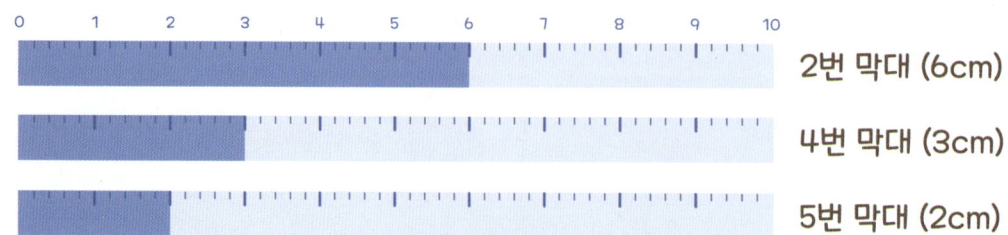

2번 막대 (6cm)
4번 막대 (3cm)
5번 막대 (2cm)

4 연결고리 ✳ 를 이용해서 **5번 막대** 6개를 둥근 모양으로 연결해서 'ㅇ'을 만들어요. 'ㅇ'은 2개를 만들어요.

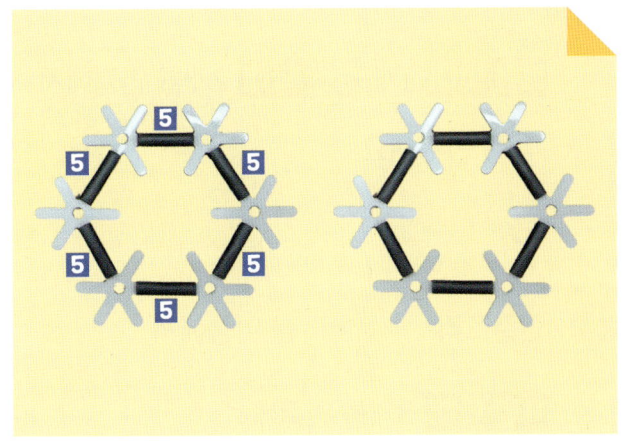

5 **1번 막대** 1개로 'ㅣ'를 만들어요. 완성한 자음, 모음을 제자리에 놓아서 '핑퐁' 글자를 완성하세요.

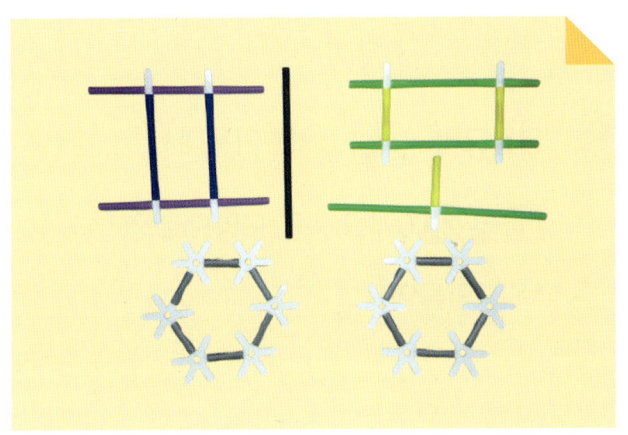

6 연결고리 ➕ 2개를 이용해서 **2번 막대** 3개, **5번 막대** 1개를 연결해서 'ㅋ'을 만들어요.

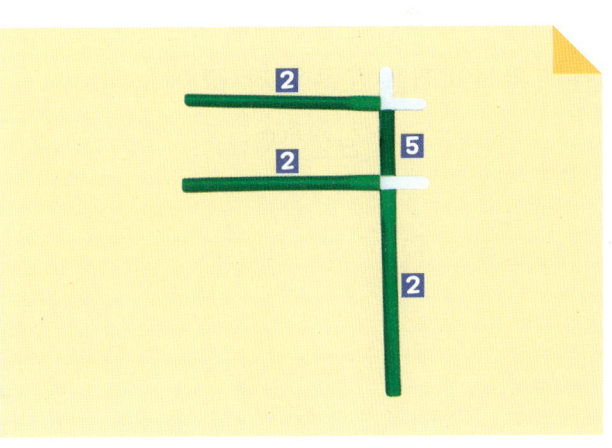

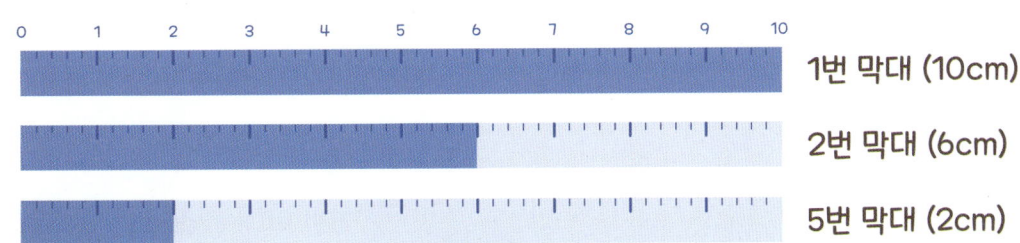

1번 막대 (10cm)
2번 막대 (6cm)
5번 막대 (2cm)

1. 핑퐁, 넌 누구니?

7 연결고리 ┼ 를 이용해서 **2번 막대** 1개, **3번 막대** 2개를 연결해서 'ㅗ'를 만들어요.

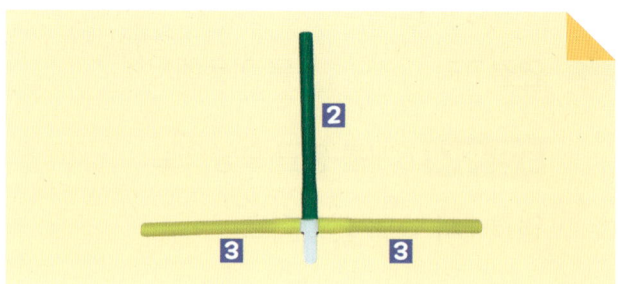

8 연결고리 ┼ 를 이용해서 **4번 막대** 3개를 연결해서 'ㄷ'을 만들어요.

9 연결고리 ✼ 를 이용해서 **5번 막대** 6개를 둥근 모양으로 연결해서 'ㅇ'을 만들어요.

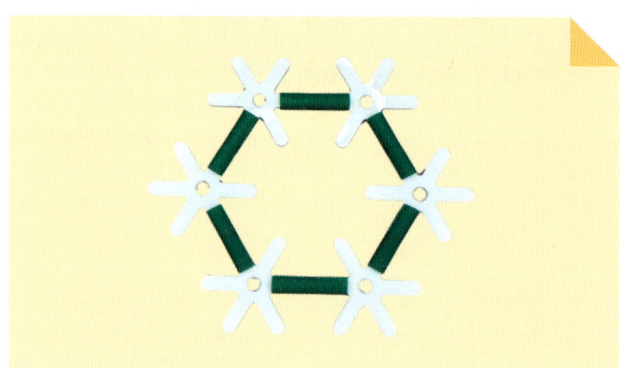

10 완성한 자음, 모음을 제자리에 놓아서 '코딩' 글자를 완성하세요.

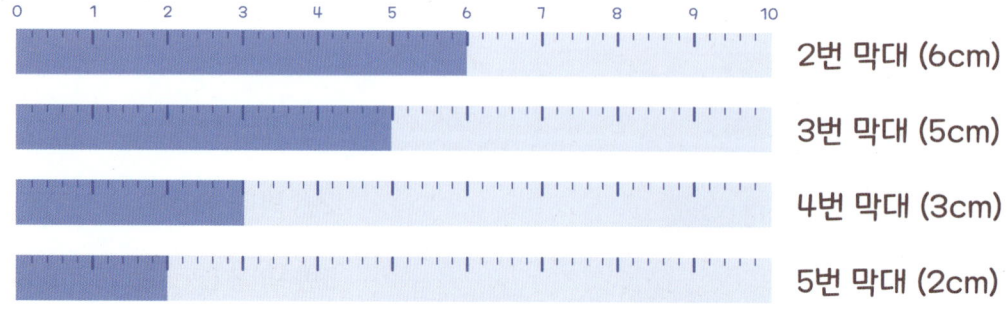

2번 막대 (6cm)
3번 막대 (5cm)
4번 막대 (3cm)
5번 막대 (2cm)

내가 바로 프로그래머

 핑퐁 큐브와 핑퐁 스크래치 앱을 연결해 봅시다.

1. 핑퐁, 넌 누구니?

내가 바로 프로그래머

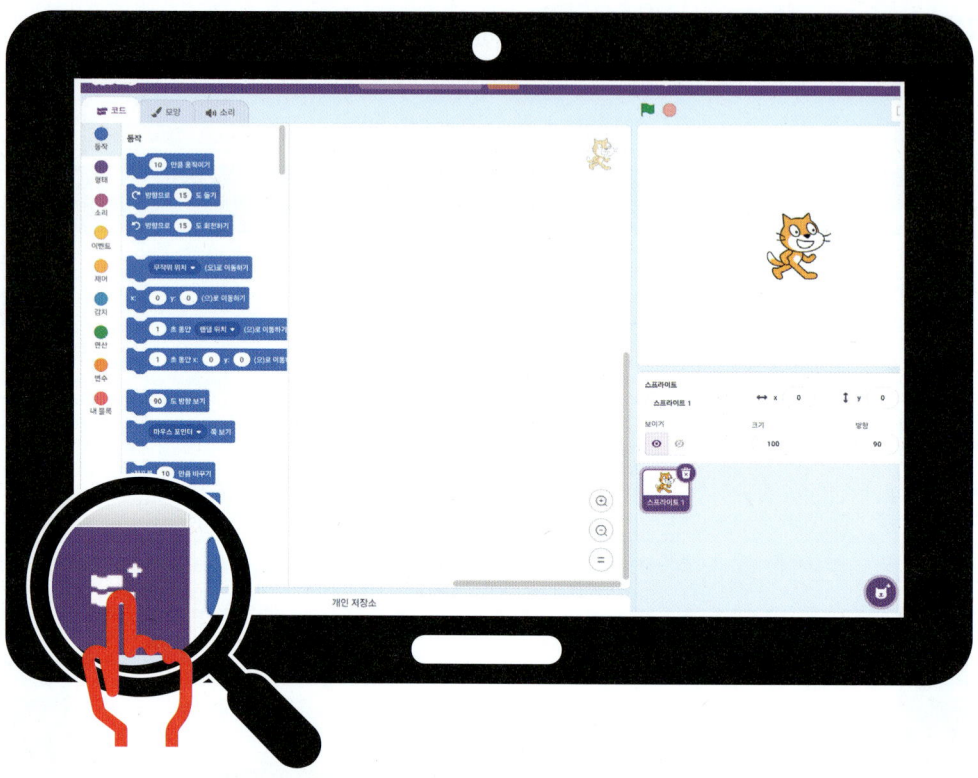

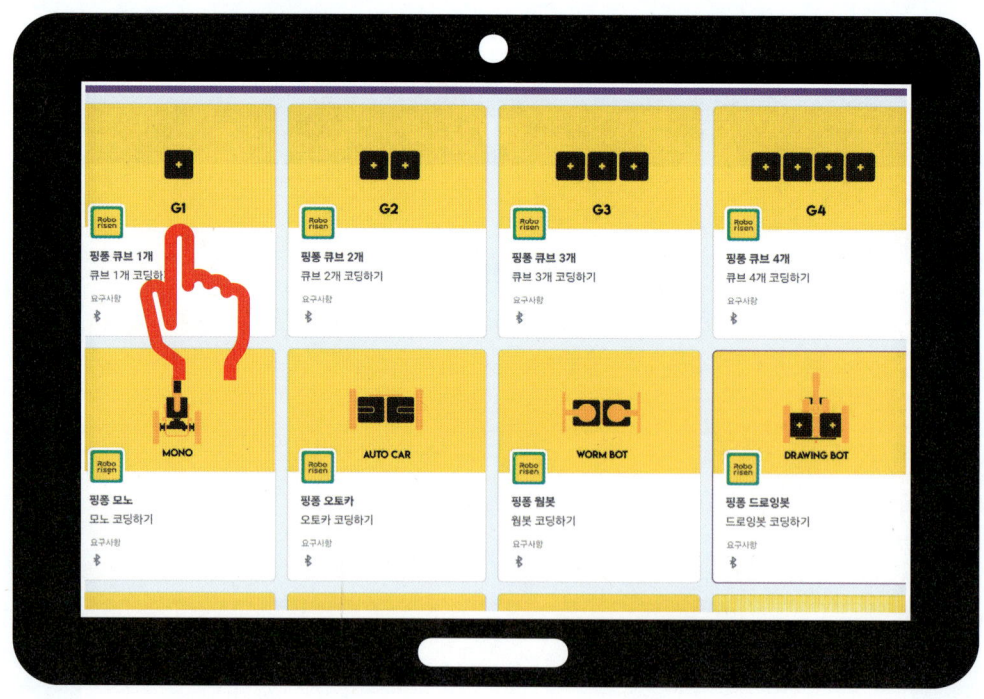

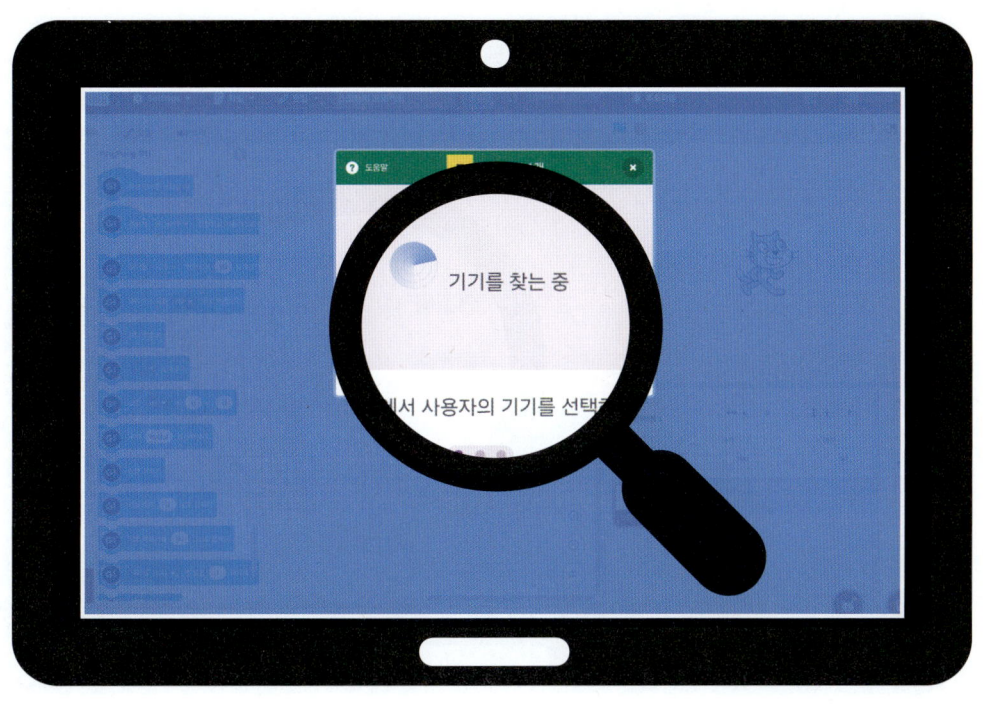

큐브를 태블릿 가까이에 두고
1. 노란 단추 눌러서 켜기
2. 두 번 눌러서 연결하기

내가 바로 프로그래머

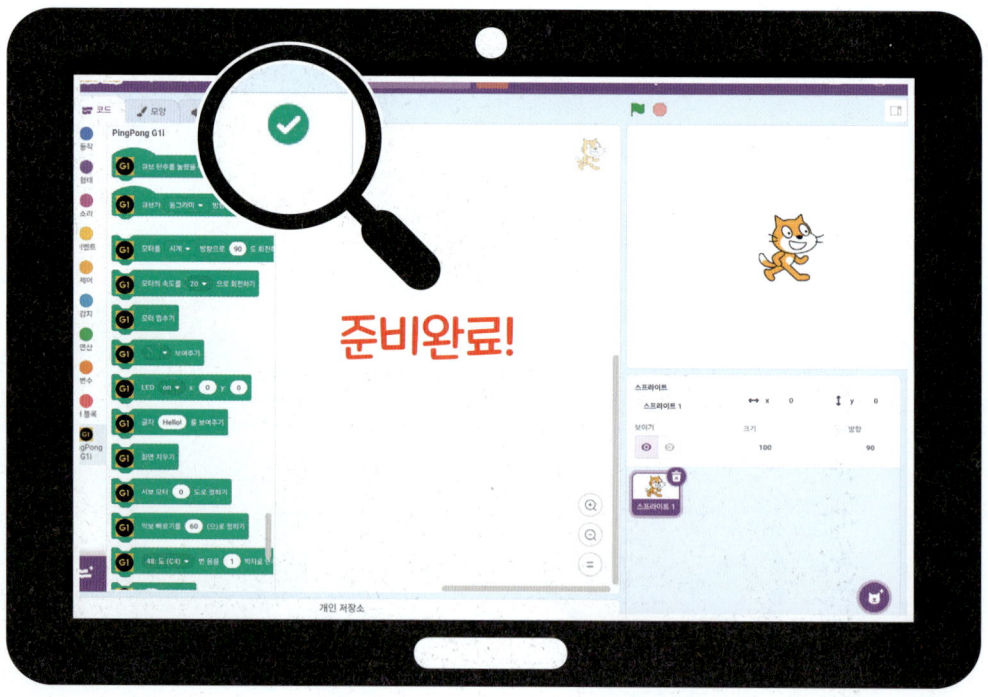

준비완료!

스프라이트를 알아 봅시다.

스프라이트란 무엇일까요?

사전에서 스프라이트는 '장난기 가득한 요정'을 뜻합니다.

스크래치에서는 실행 화면에 등장하는 캐릭터나 사물이라고 생각하면 좋습니다.

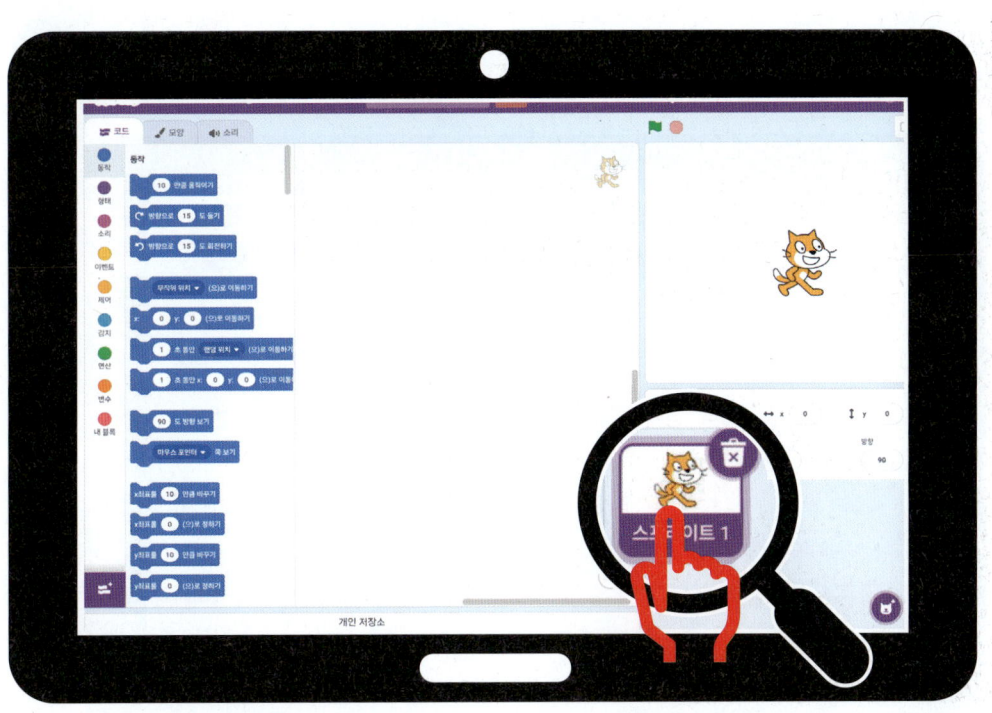

내가 바로 프로그래머

스프라이트의 모양을 바꾸고 싶다면 오른쪽 아래의 고양이 모양을 클릭한 후, 원하는 스프라이트를 선택해 주세요.

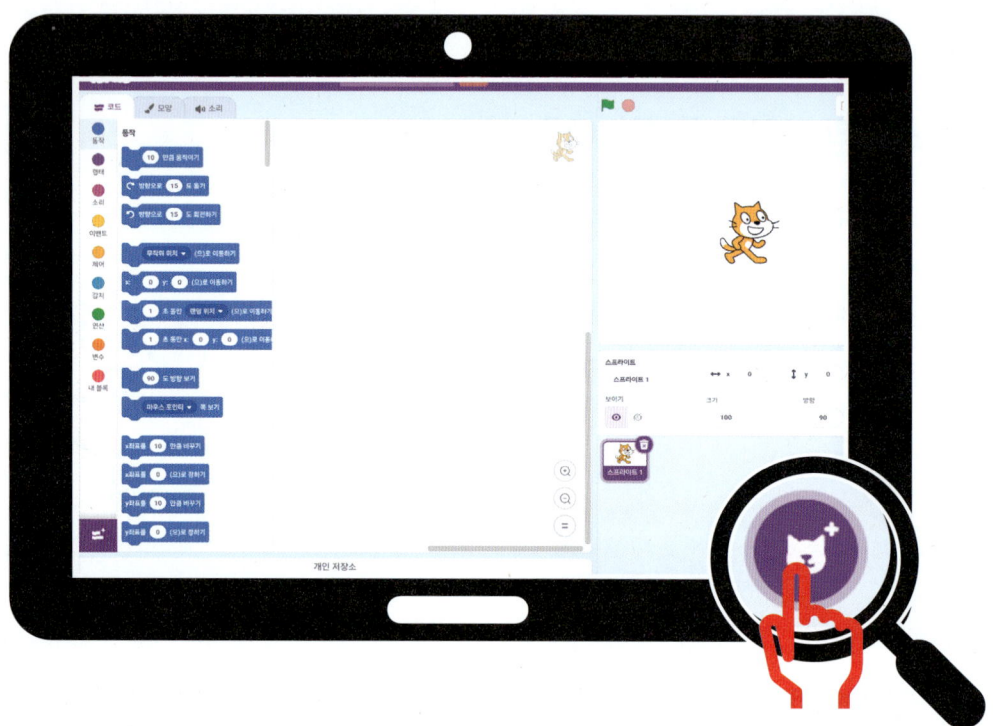

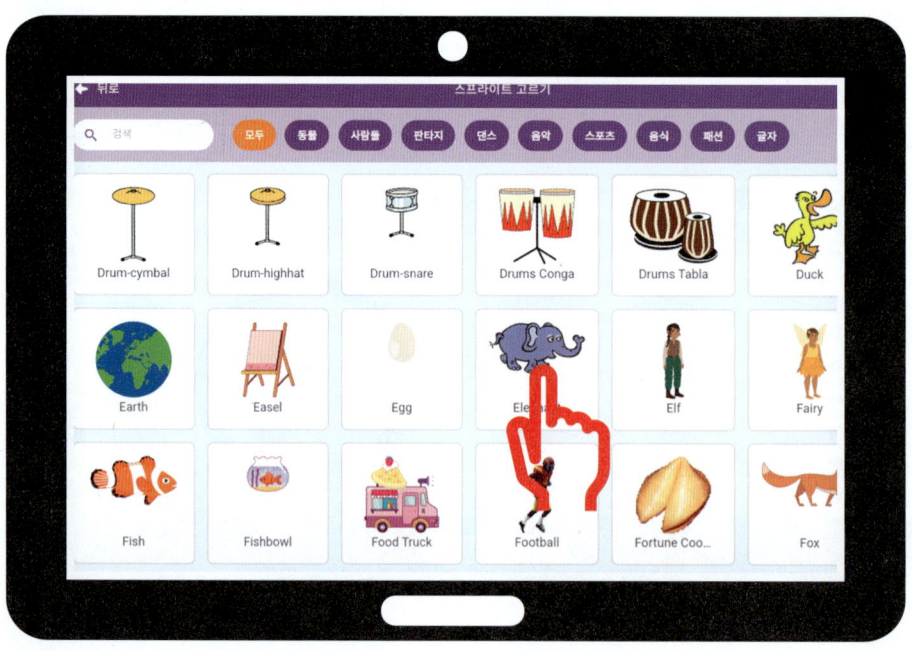

3 프로그래밍을 해 봅시다.

큐브 단추를 눌렀을 때 고양이 스프라이트가 이동하도록 하려면 어떻게 해야할까요?

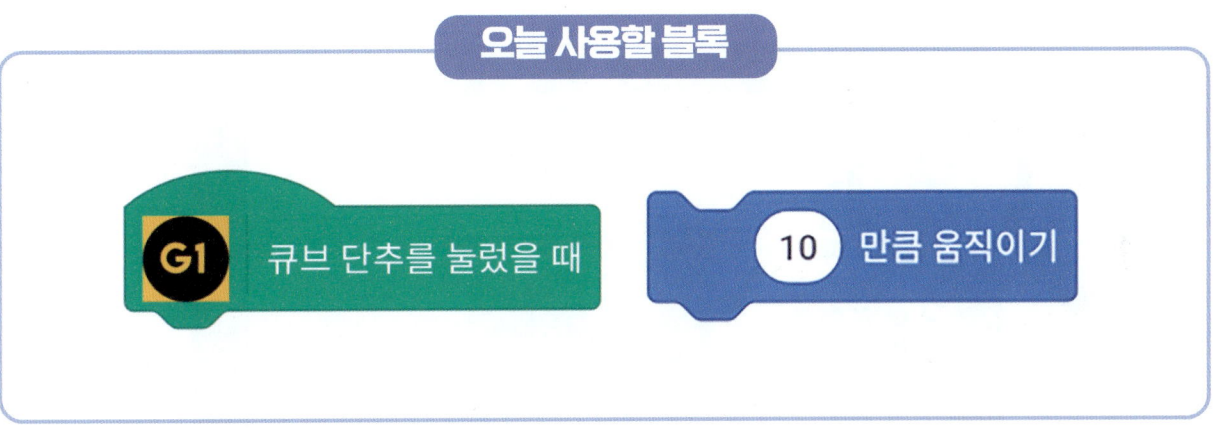

 왼쪽의 PingPong G1i 에서 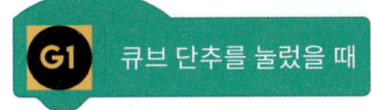 블록을 선택하여 가운데로 드래그합니다.

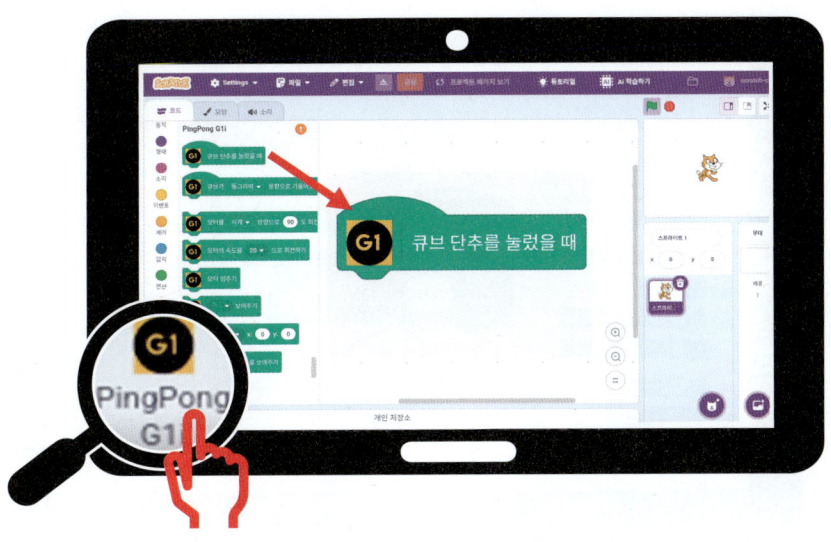

1. 핑퐁, 넌 누구니?

내가 바로 프로그래머

2. 에서 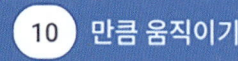 블록을 선택하고 가운데로 드래그하여

 블록 아래에 연결합니다.

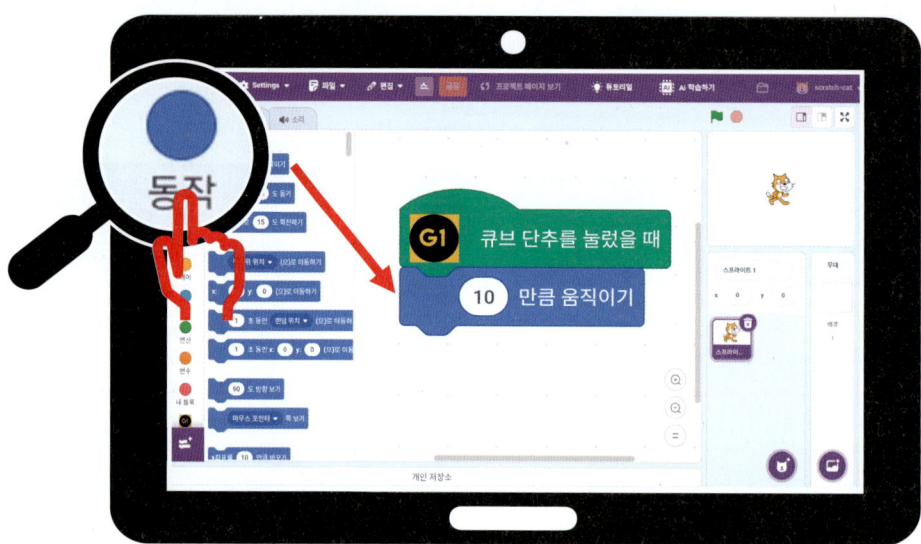

3. 큐브 단추를 누르고 실행 화면의 고양이 스프라이트를 관찰해 보세요.

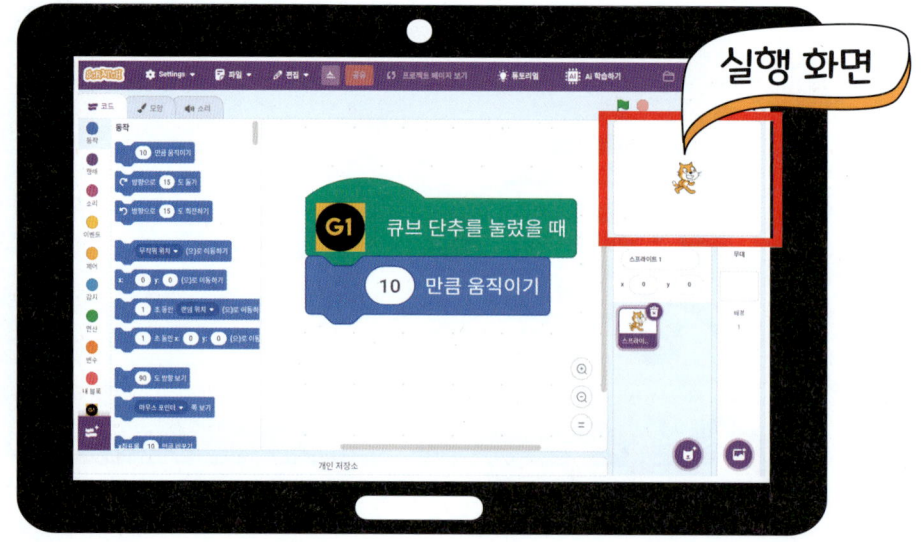

이런 것도 할 수 있어요

 스프라이트가 더 많이 이동하게 하려면 블록의 어느 부분을 바꿔야 할까요?

2 큐브 단추를 눌렀을 때 스프라이트의 모양을 바꾸려면 어떤 블록을 사용해야 할까요?

 **Tip** 크기를 10만큼 바꾸기 블록과 다음 모양으로 바꾸기 블록은 형태 에 있어요.

1. 핑퐁, 넌 누구니? 21

봄, 여름, 가을, 겨울

- 포디프레임으로 액자를 만들 수 있어요.
- 스크래치에서 배경을 추가할 수 있어요.
- 핑퐁 큐브 단추를 눌러 배경을 바꿀 수 있어요.

사계절의 아름다운 조화 이야기

어느 마을에 네 명의 친구들이 살고 있었어요. 봄, 여름, 가을, 겨울이라는 이름의 친구들이었어요. 네 명의 친구들은 마을에서 특별한 행사를 준비하기로 했어요. 봄은 꽃을 피워 길가와 마을 곳곳을 화사하게 만들었고, 여름은 시원한 바다 바람을 느끼게 해 주었어요. 가을은 나무에 단풍을 내려 마을을 알록달록한 색으로 물들였고, 겨울은 하얀 눈을 내려 사람들이 눈사람을 만들 수 있게 해 주었어요. 친구들의 노력 덕분에 마을 주민들은 특별한 계절 이벤트를 즐길 수 있었고, 모두가 함께 행복한 시간을 보낼 수 있었답니다.

각 계절의 특징은 무엇인가요?

여러분이 가장 좋아하는 계절은 무엇인가요?

오늘은 봄, 여름, 가을, 겨울 사계절을 함께 표현해 보아요.

 **생각열기**

여러분이 좋아하는 계절의 모습을 그림이나 글로 표현해 봅시다.

 **오늘의 작품을 소개합니다**

포디프레임으로 액자를 만들어 봄, 여름, 가을, 겨울 사계절을 표현해 보아요.

필요한 준비물을 알아보아요

핑퐁 큐브 1개

핑퐁 스크래치 앱

포디프레임

색연필

가위

테이프

필요한 준비물을 함께 찾아보아요

포디프레임 막대를 직접 대보고 크기를 비교해서 준비해 봅시다.

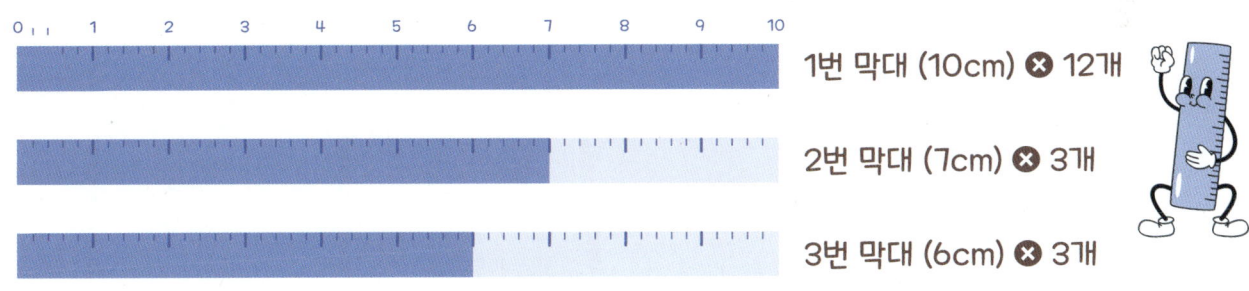

1번 막대 (10cm) ⊗ 12개
2번 막대 (7cm) ⊗ 3개
3번 막대 (6cm) ⊗ 3개

4발 × 6개

8발 × 3개

4발 플러스 × 3개

물음표 고리 × 3개

2. 봄, 여름, 가을, 겨울

뚝딱뚝딱 함께 만들어요

핑퐁 큐브와 포디프레임으로 액자를 만들어 봅시다.

1. 연결고리 를 **1번 막대**의 한쪽 끝에 끼워요.

2. **1**에 **1번 막대**를 연결하고 연결고리 를 양쪽 끝에 끼워요.

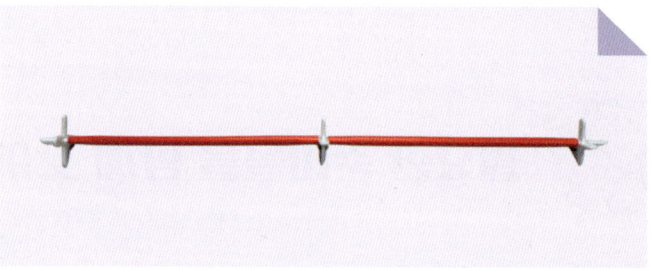

3. **1번 막대** 3개를 연결고리 에 각각 끼워서 기둥을 세워요.

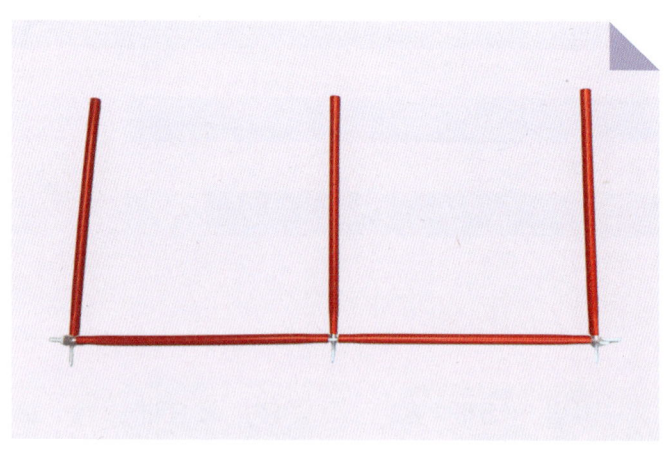

1번 막대 (10cm)

④ 연결고리 ➕ 3개를 ③의 기둥에 각각 끼우고, `1번 막대` 2개를 연결고리에 끼워요.

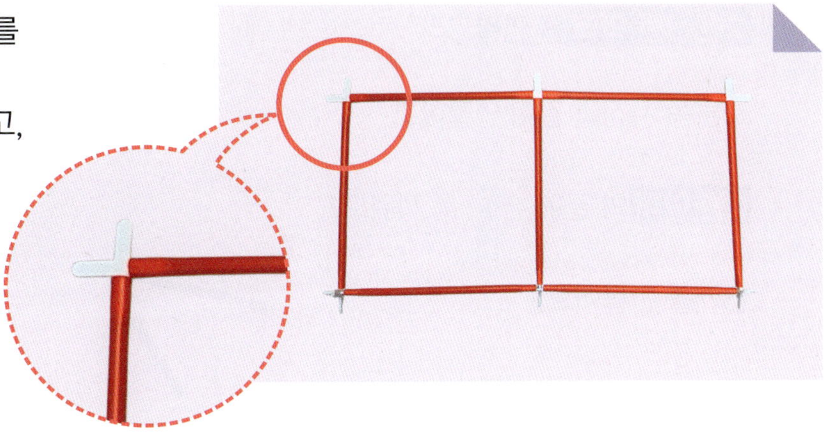

⑤ 연결고리  ➕ 에 `1번 막대` 3개를 끼워요.

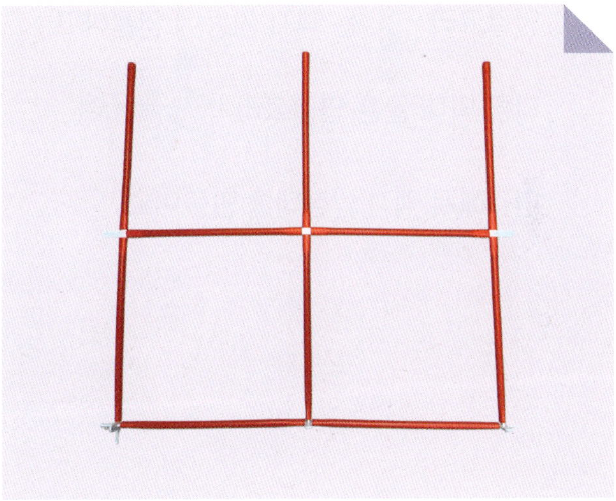

⑥ ⑤의 `1번 막대` 끝에  ➕ 3개를 각각 끼우고 `1번 막대` 2개를 연결고리에 끼워요.

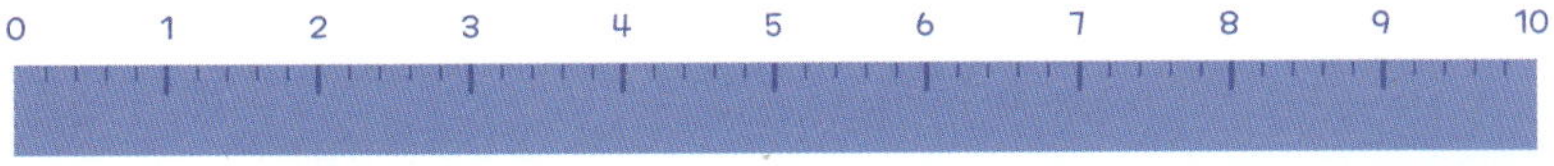

`1번 막대 (10cm)`

2. 봄, 여름, 가을, 겨울   27

7 **2번, 3번 막대**를 연결고리 ❋ 에 오른쪽 사진과 같이 연결하고 **2번 막대**의 끝에 🔗 를 끼워요.
(3개를 만들어요.)

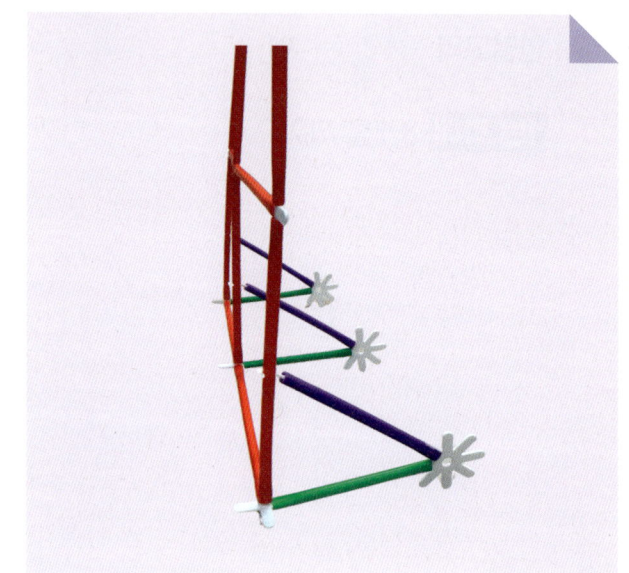

8 연결고리 🔗 는 액자 기둥에 연결하고, 다른 막대 끝은 연결고리 ❋ 에 연결해서 액자 받침대를 만들어요.

9 **부록 1** 의 봄, 여름, 가을, 겨울 그림을 가위로 자르고 예쁘게 색칠해요.

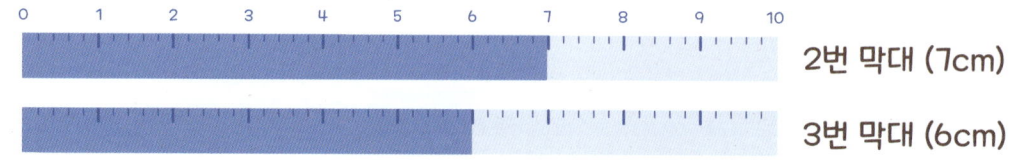

2번 막대 (7cm)

3번 막대 (6cm)

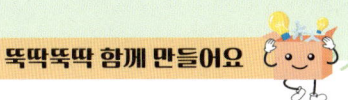

10 그림의 양쪽 날개를 접어요.

11 액자에 그림의 날개를 테이프로 붙여요.

12 그림을 위아래로 모두 붙이면
액자 완성!

2. 봄, 여름, 가을, 겨울

내가 바로 프로그래머

 필요한 블록을 알아봅시다.

G1 큐브 단추를 눌렀을 때	큐브의 노란 단추를 클릭하면 다음 블록이 실행됩니다.
다음 배경으로 바꾸기	현재 배경이 그 다음 배경으로 바뀌고, 마지막 배경이라면 처음 배경으로 바뀝니다.

큐브 단추를 눌렀을 때 ●   ● **G1 큐브 단추를 눌렀을 때**

다음 배경으로 바꾸기 ●   ● **다음 배경으로 바꾸기**

2 사용할 배경을 선택해 봅시다.

배경

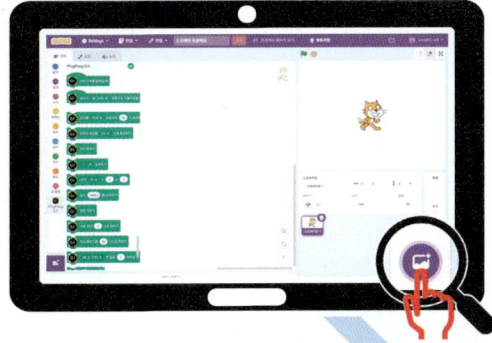

 Tip
- 봄 여름 가을 겨울 순서로 배경을 추가해요.
- 오른쪽 아래에서 배경 그림을 누르면 왼쪽 위에 배경탭이 생겨요.
- 배경탭에서 불필요한 배경은 이미지를 누른 뒤 휴지통 이미지를 눌러서 삭제해요.
- 배경탭에서 배경의 순서도 바꿀 수 있어요.
- 배경탭 아래에서 직접 배경을 그려볼 수도 있어요.

2. 봄, 여름, 가을, 겨울

내가 바로 프로그래머

 프로그래밍을 해 봅시다.

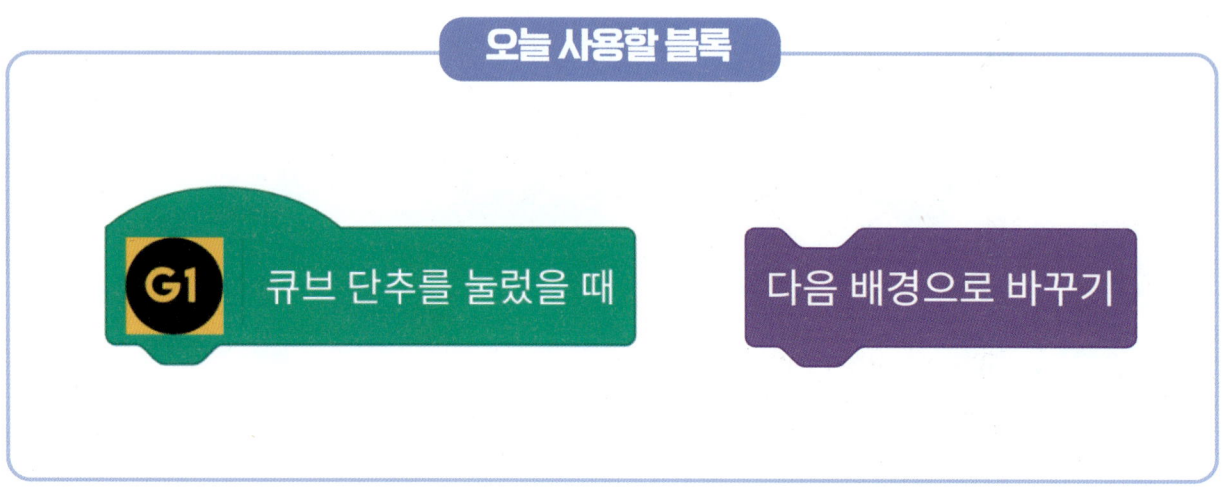

큐브 단추를 누르면 다음 배경으로 바뀌도록 코딩해 보세요.

이런 것도 할 수 있어요

 직접 카메라로 촬영한 사진(이미지)이나 저장된 사진(이미지)을 배경으로 추가할 수 있어요.

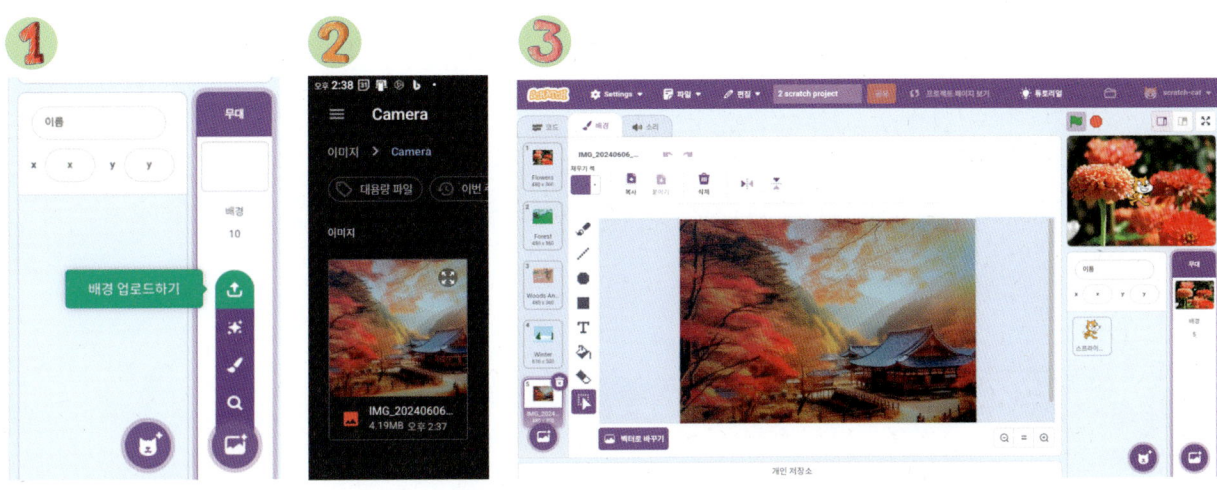

직접 카메라로 촬영하고 싶은 사진(이미지)

3 신나는 학교 놀이터

- 포디프레임을 사용하여 회전 놀이기구를 만들 수 있어요.
- '모터의 속도를 ~으로 회전하기' 블록을 사용하여 놀이기구를 회전시킬 수 있어요.

내가 만난 우리 학교

여러분의 학교는 어떤 모습인가요?
여러분이 학교에서 가본 장소를 골라 동그라미 해 보세요.

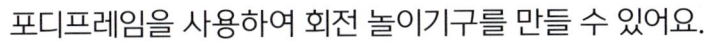

교무실   방송실   강당
운동장   보건실
행정실   급식실   교실

여러분이 학교에서 가장 좋아하는 곳은 어디인가요?

그 장소에 갔을 때 느낌이 어땠나요?

그 장소에는 어떤 것들이 있었나요?

3. 신나는 학교 놀이터

 **생각열기**

여러분이 학교에서 가장 좋아하는 장소를 그림이나 글로 표현해 봅시다.

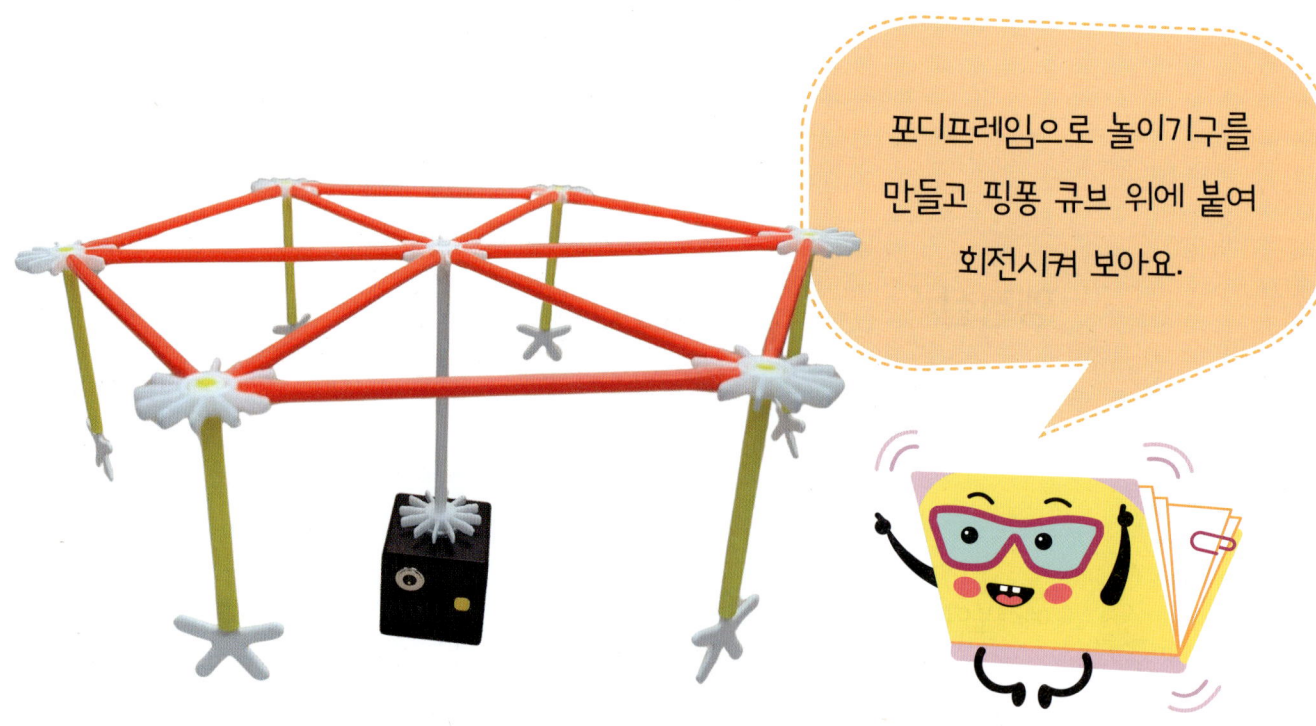

포디프레임으로 놀이기구를 만들고 핑퐁 큐브 위에 붙여 회전시켜 보아요.

필요한 준비물을 알아보아요

핑퐁 큐브 1개

핑퐁 스크래치 앱

포디프레임

필요한 준비물을 함께 찾아보아요

포디프레임 막대를 직접 대보고 크기를 비교해서 준비해 봅시다.

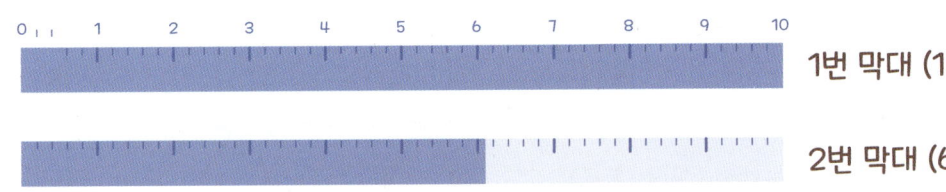
1번 막대 (10cm) ✕ 13개
2번 막대 (6cm) ✕ 6개

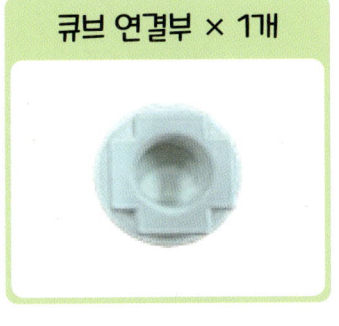
큐브 연결부 ✕ 1개

12발 ✕ 8개

5발 ✕ 6개

3. 신나는 학교 놀이터

뚝딱뚝딱 함께 만들어요

핑퐁 큐브와 포디프레임으로 회전놀이기구를 만들어 봅시다.

① **1번 막대** 3개와 ○ 를 이용해서 사진과 같이 만들어 보세요.

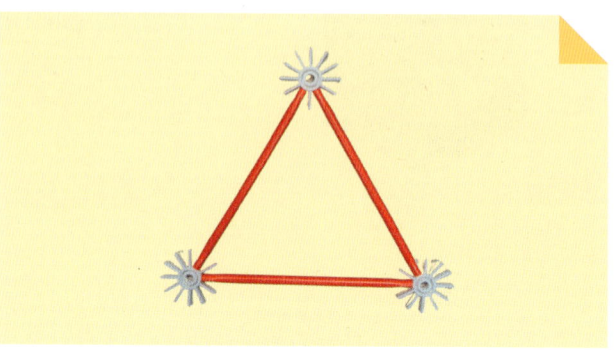

② **1번 막대** 4개와 ○ 를 더 연결해서 사진과 같이 만들어 보세요.

③ **1번 막대** 5개와 ○ 를 더 연결해서 사진과 같이 만들어 보세요.

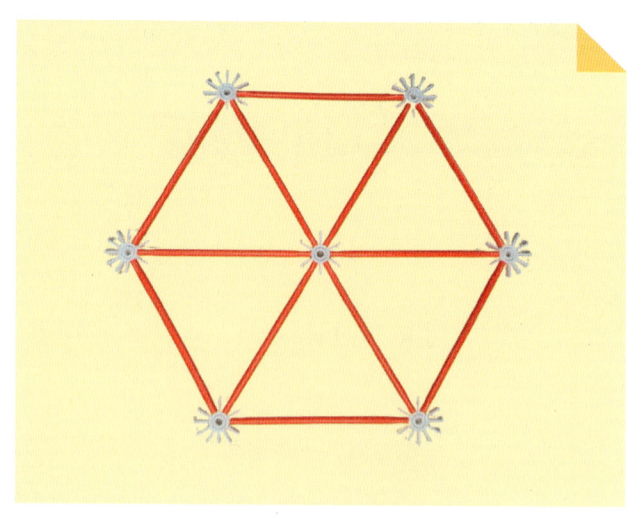

1번 막대 (10cm)

4 가운데 의 구멍에
를 끼워 기둥을 세워 보세요.

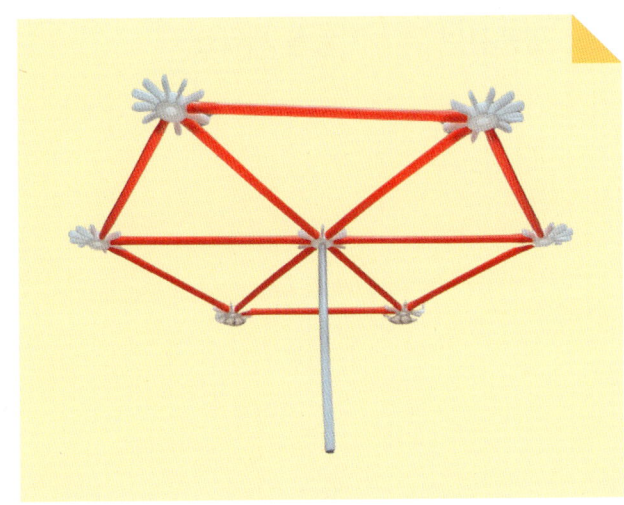

5 핑퐁 큐브의 하얀색 연결부에
를 끼워요.

6 5 에서 연결한  위에
를 끼워요.

1번 막대 (10cm)

3. 신나는 학교 놀이터

7 핑퐁큐브 위에 기둥을 세워요.

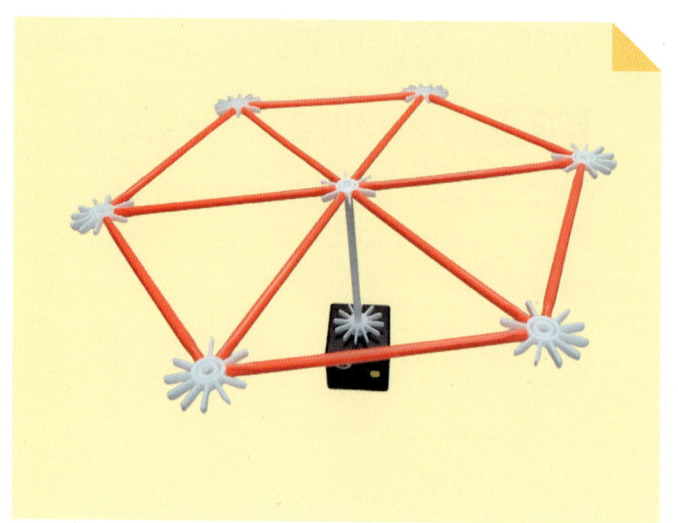

8 다른 막대와 연결고리를 이용해서 더 재미있는 놀잇감을 만들어 봐요.

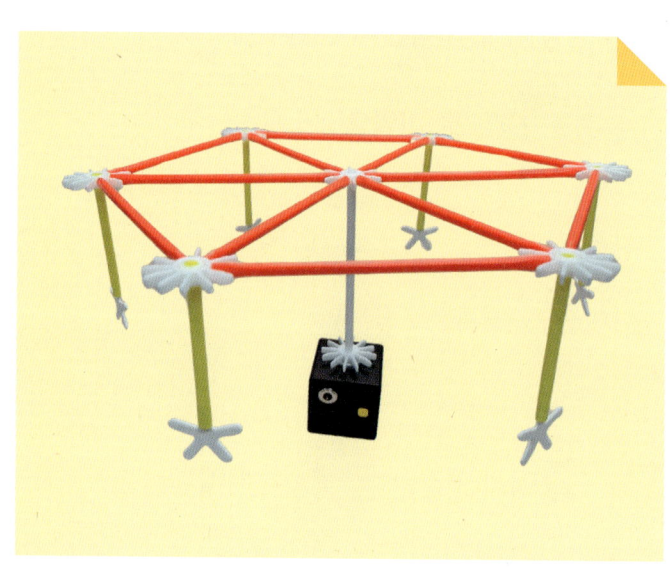

2번 막대 (6cm)

내가 바로 프로그래머

 필요한 블록을 알아봅시다.

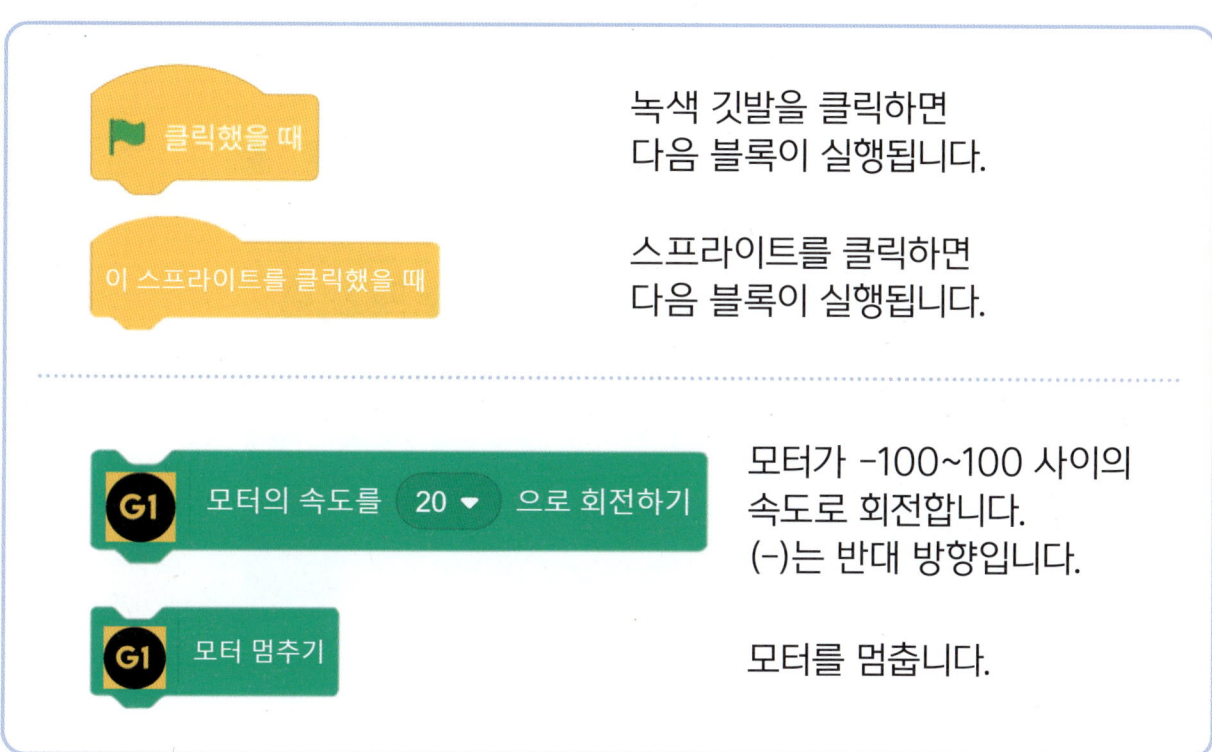

- 녹색 깃발을 클릭하면 다음 블록이 실행됩니다.
- 스프라이트를 클릭하면 다음 블록이 실행됩니다.
- 모터가 –100~100 사이의 속도로 회전합니다. (–)는 반대 방향입니다.
- 모터를 멈춥니다.

3. 신나는 학교 놀이터

내가 바로 프로그래머

 사용할 배경을 선택해 봅시다.

배경

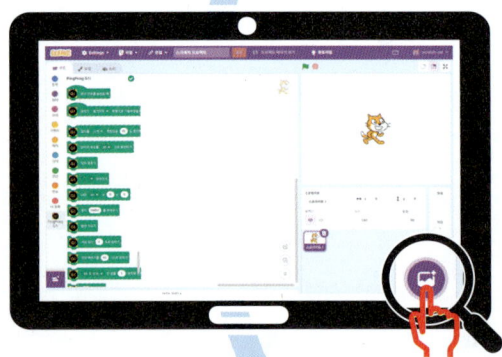

3 프로그래밍을 해 봅시다.

1️⃣ 녹색 깃발을 클릭하면 나만의 놀이기구가 돌아가도록 코딩해 보세요.

2️⃣ 스프라이트를 클릭하면 나만의 놀이기구가 멈추도록 코딩해 보세요.

이런 것도 할 수 있어요

 앞에서 만들어 본 나만의 놀이기구에 추가하고 싶은 것이 있나요?
그래서 붙이거나, 막대를 추가하여 나만의 놀이기구를 꾸며 보세요.

| 추가하고 싶은 것 | 추가하는 방법 |

 놀이기구가 더 빠르게 돌게 하려면 블록의 어느 부분을 바꿔야 할까요?

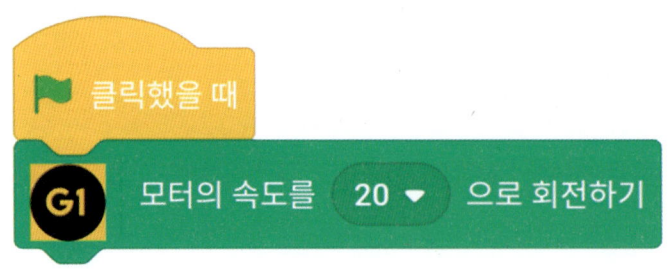

Hint
모터의 속도의 숫자를 바꿔보세요.

4 지구 밖으로 떠나는 여행

- 포디프레임을 사용하여 지구를 만들 수 있어요.
- '모터의 속도를 ~으로 회전하기' 블록을 사용하여 지구가 돌아가게 할 수 있어요.

우주에서 바라본 푸른 보석 이야기

"별빛 탐험선"에 탄 탐험가들이 있었어요. 탐험가들은 지구 밖으로 떠나 여행을 하면서 우주의 신비하고 아름다운 모습을 발견했어요.
어느 날, 우주선 창문 밖으로 지구의 모습이 보였어요. 푸른 지구에는 흰 색의 구름들이 둥둥 떠다니고 있었고, 밝은 빛들이 반짝이고 있어 너무도 아름다웠어요.
탐험가들은 아름다운 지구의 모습을 오랫동안 넋을 잃고 바라보았어요.
그리고 우주에서 바라본 지구는 푸른 보석이 틀림없다고 생각했어요.

지구 밖에는 무엇이 있을까요?

여러분이 상상하는 우주는 어떤 모습인가요?

오늘은 지구 밖 우주 여행을 함께 떠나보아요.

 **생각열기**

여러분이 상상하는 지구 밖 모습을 그림이나 글로 표현해 봅시다.

 **오늘의 작품을 소개합니다**

포디프레임으로 지구를 만들고 핑퐁 큐브 위에 붙여 지구를 돌려 보아요.

필요한 준비물을 알아보아요

핑퐁 큐브 1개

핑퐁 스크래치 앱

포디프레임

필요한 준비물을 함께 찾아보아요

포디프레임 막대를 직접 대보고 크기를 비교해서 준비해 봅시다.

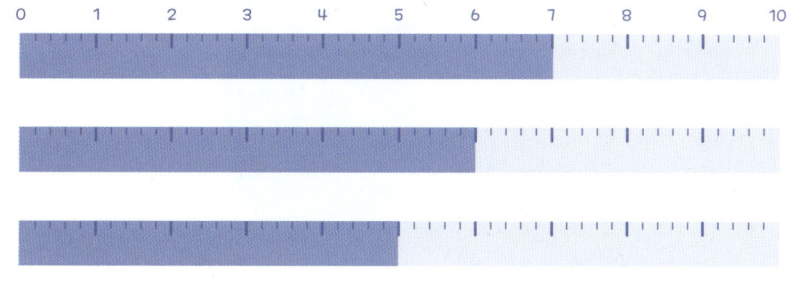

1번 막대 (7cm) ✕ 7개

2번 막대 (6cm) ✕ 12개

3번 막대 (5cm) ✕ 12개

큐브 연결부 × 1	3발 × 12개	8발 × 7개

12발 × 1개	4발 플러스 × 1개	6발 × 1개
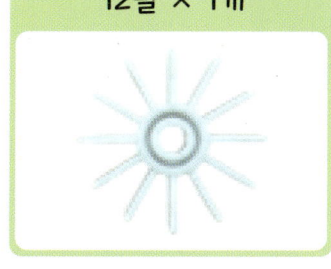		

4. 지구 밖으로 떠나는 여행

뚝딱뚝딱 함께 만들어요

핑퐁 큐브와 포디프레임으로 지구를 만들어 봅시다.

1 핑퐁 큐브의 하얀색 연결부에 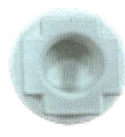 를 끼워요.

2 **1** 에서 연결한  위에 를 끼워요.

3  위에 <mark>1번 막대</mark>와  를 차례로 끼워요.

1번 막대 (7cm)

4 **3** 에서 끼운 위에

 를 오른쪽 사진과 같이

겹쳐서 끼워요.

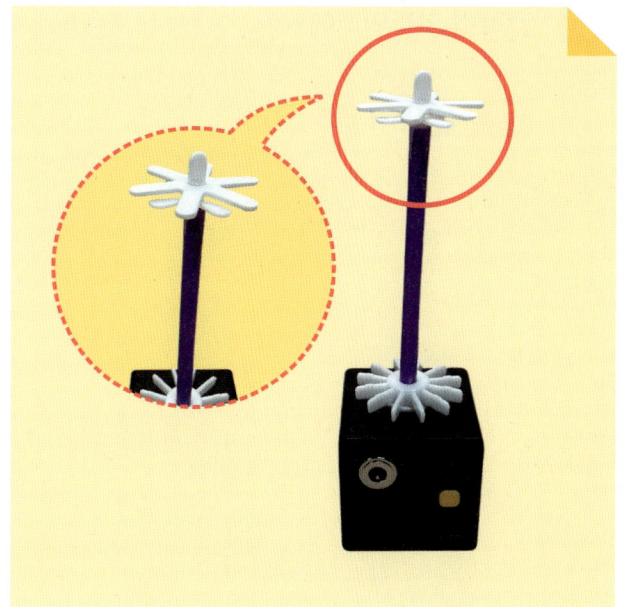

5 **4** 에서 끼운 에

2번 막대 6개를 끼워 지구의
아랫부분을 표현하고,

2번 막대에 각각 를

끼워 **3번 막대**와 연결해요.

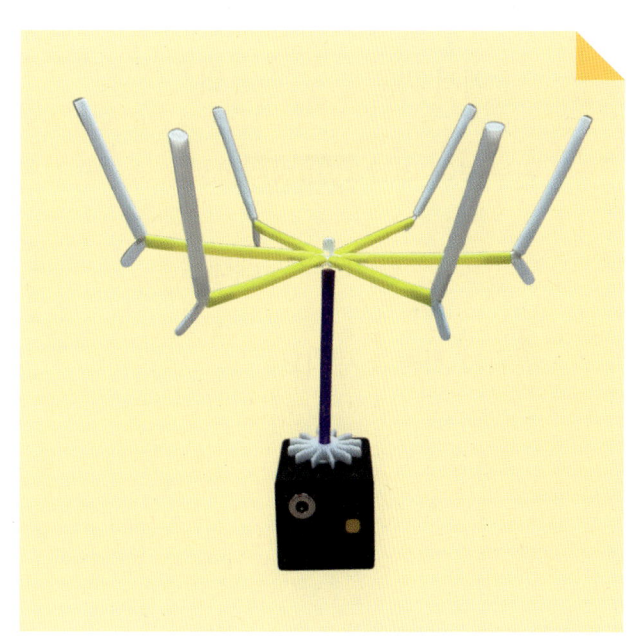

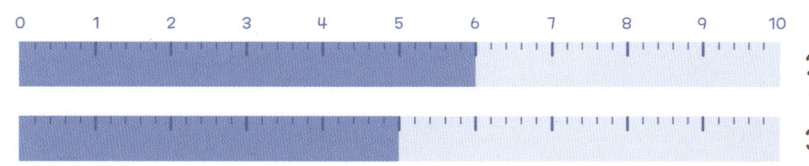

2번 막대 (6cm)

3번 막대 (5cm)

4. 지구 밖으로 떠나는 여행   **49**

6 각각의 3번 막대에 ✺ 를 꽂고, `1번 막대` 6개를 이용하여 ✺ 끼리 이어주세요.

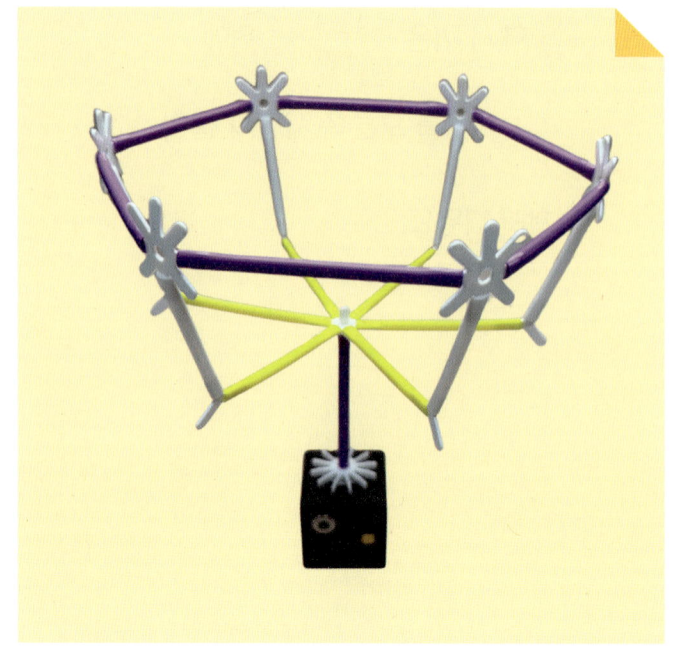

7 ❻에서 끼운 ✺ 의 윗부분에 각각 `3번 막대`와 丫 를 1개씩 차례대로 끼워서 기둥을 세워요.

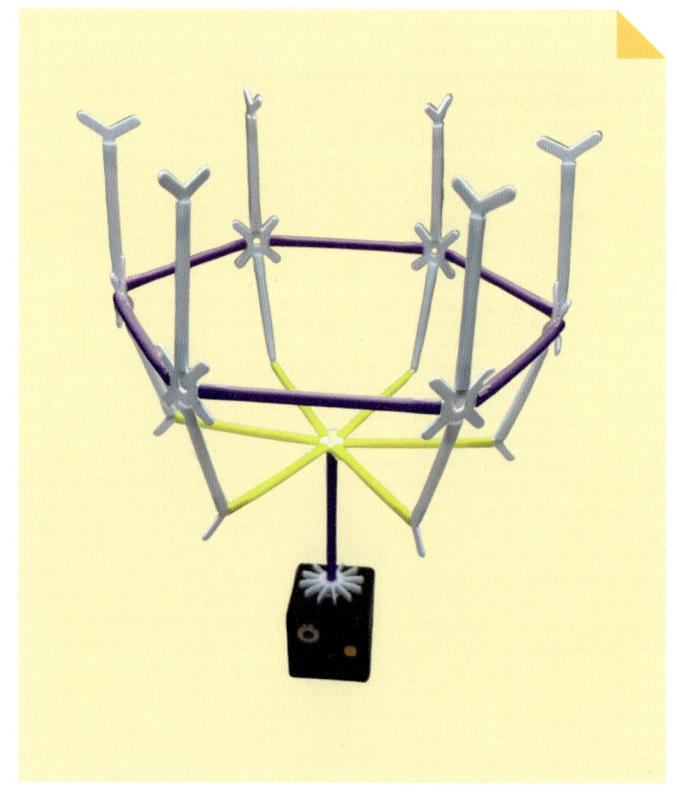

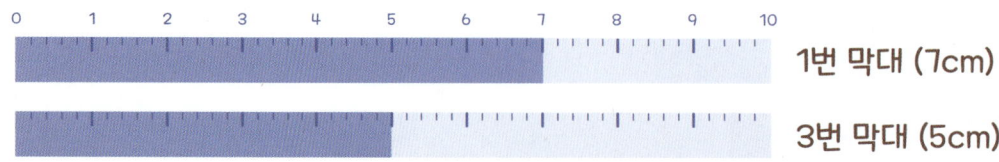

1번 막대 (7cm)
3번 막대 (5cm)

8 2번 막대 6개를 에 끼워 왼쪽과 같이 지구의 윗부분을 만들어요.

9 윗부분과 기둥을 연결하면 지구 **완성!**

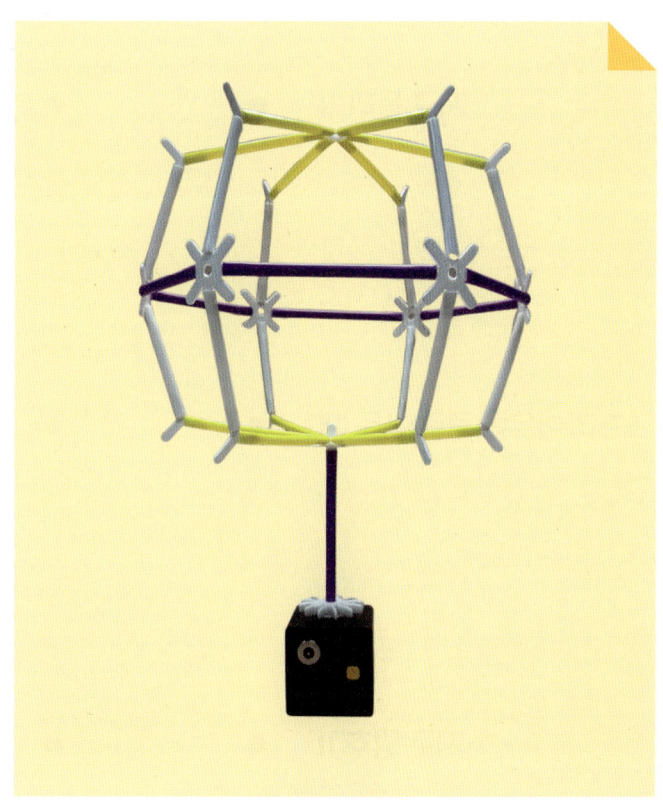

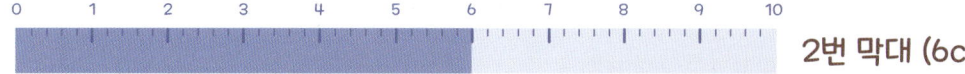

2번 막대 (6cm)

4. 지구 밖으로 떠나는 여행

내가 바로 프로그래머

 필요한 블록을 알아봅시다.

큐브 단추를 눌렀을 때 •   •  모터 멈추기

지구 돌리기 •   • 이 스프라이트를 클릭했을 때

스프라이트를 클릭했을 때 •   • 큐브 단추를 눌렀을 때

지구 멈추기 •   •

52 포디큐브와 함께하는 피지컬코딩

2 사용할 배경과 스프라이트를 선택해 봅시다.

배경

스프라이트

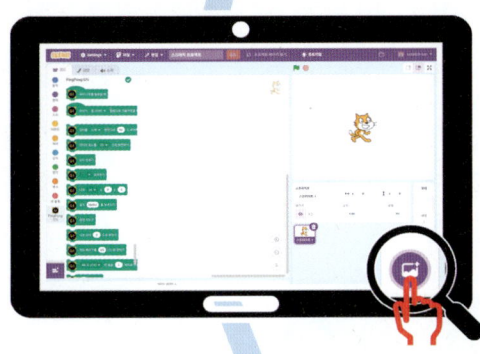

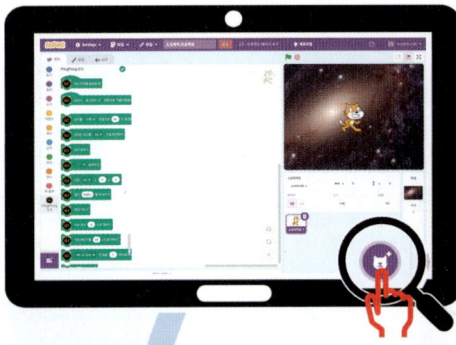

Tip
스프라이트를 클릭하면 나오는 휴지통(X) 이미지를 클릭하면 스프라이트를 삭제할 수 있어요.

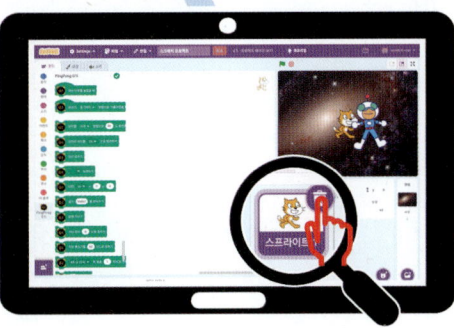

4. 지구 밖으로 떠나는 여행   53

내가 바로 프로그래머

 프로그래밍을 해 봅시다.

① 큐브 단추를 누르면 지구가 돌아가도록 코딩해 보세요.

② 우주탐험가 스프라이트를 클릭하면 지구가 멈추도록 코딩해 보세요.

54 포디큐브와 함께하는 피지컬코딩

이런 것도 할 수 있어요

 앞에서 만들어 본 지구에 추가하고 싶은 것이 있나요?
그려서 붙이거나, 막대를 추가하여 나만의 지구를 꾸며 보세요.

추가하고 싶은 것	추가하는 방법

2 지구가 돌아가는 속도를 바꾸려면 블록의 어느 부분을 바꿔야 할까요?

지구가 빠르게 회전하게 해보세요.

지구가 느리게 회전하게 해보세요.

4. 지구 밖으로 떠나는 여행

# 5 우리가 만드는 초록 지구

- 포디프레임을 사용하여 풍력 발전기를 만들 수 있어요.
- '모터의 속도를 ~으로 회전하기' 블록을 사용하여 풍력 발전기를 돌릴 수 있어요.

아기 펭귄 집이 갑자기 사라졌어!

영상을 보고 함께 이야기 나눠봅시다.

'아기 펭귄의 집이 갑자기 사라졌다고?!'
(출처: 해양수산부 어린이 해양교육 유튜브)

- 아기 펭귄 집이 왜 사라졌을까요?
- 여러분이 할 수 있는 환경 보호 활동에는 무엇이 있을까요?
- 오늘은 풍력 발전기를 만들어 보아요.

 **생각열기**

여러분이 할 수 있는 환경 보호 활동을 그림이나 글로 표현해 봅시다.

 **오늘의 작품을 소개합니다**

포디프레임으로 풍력 발전기를 만들고 핑퐁 큐브와 연결해 풍력 발전기를 돌려 보아요.

필요한 준비물을 알아보아요

핑퐁 큐브 1개

핑퐁 스크래치 앱

포디프레임

필요한 준비물을 함께 찾아보아요

포디프레임 막대를 직접 대보고 크기를 비교해서 준비해 봅시다.

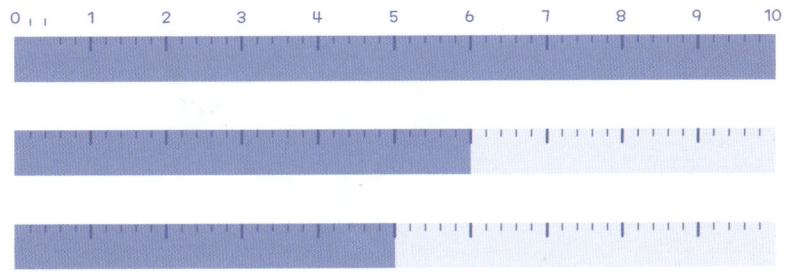

1번 막대 (10cm) ✕ 4개
2번 막대 (6cm) ✕ 20개
3번 막대 (5cm) ✕ 4개

큐브 연결부 × 1

큐브 연결부 × 2개

12발 × 3개

4발 플러스 × 12개

5발 플러스 × 4개

5. 우리가 만드는 초록 지구

뚝딱뚝딱 함께 만들어요

핑퐁 큐브와 포디프레임으로 풍력 발전기를 만들어 봅시다.

1. 연결고리 를 이용해서 이용하여 **2번 막대** 4개를 네모 모양으로 서로 연결해요.

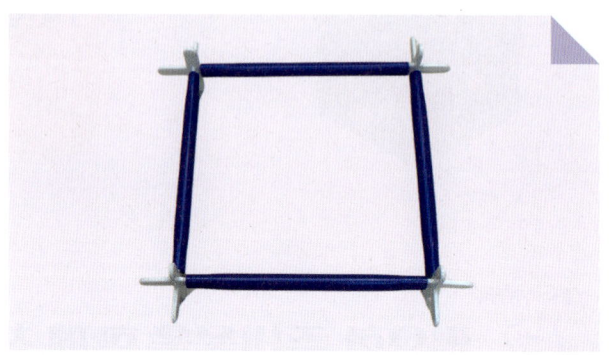

2. 1 에서 만든 네모의 연결고리 위에 **2번 막대** 4개로 기둥을 세워요.

3. 1 을 하나 더 만들어서 기둥 4개 위에 연결해요.

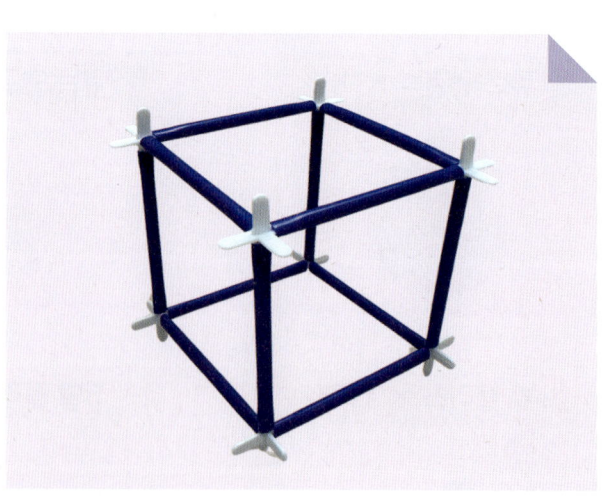

2번 막대 (6cm)

4 ③에서 만든 연결고리 위에 **2번 막대** 4개로 기둥을 세워요.

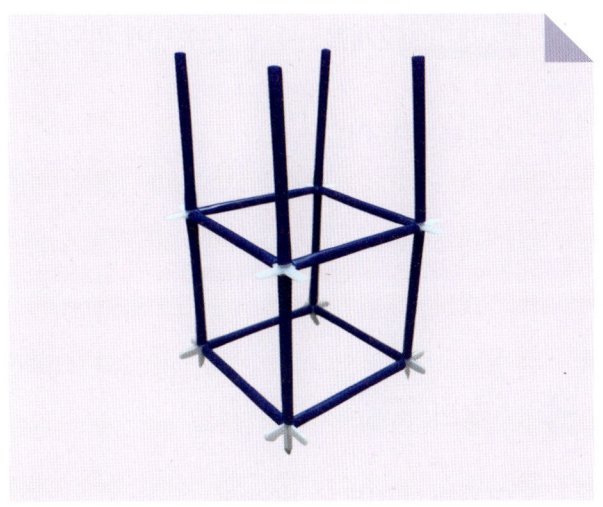

5 **3번 막대** 4개와 연결고리  를 이용해서 네모 모양으로 연결해요.

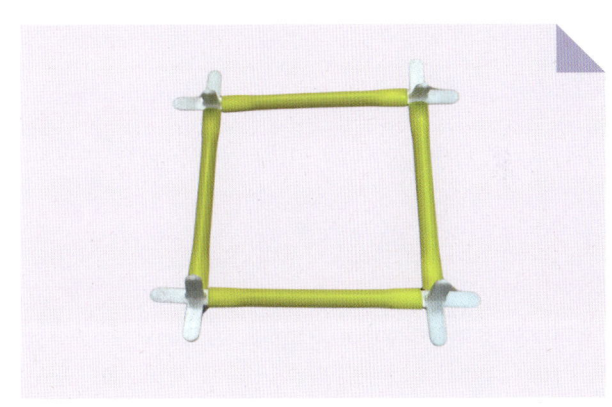

6 ④에서 세운 4개의 기둥 위에 ③에서 만든 작은 네모 모양을 각각 연결해요.

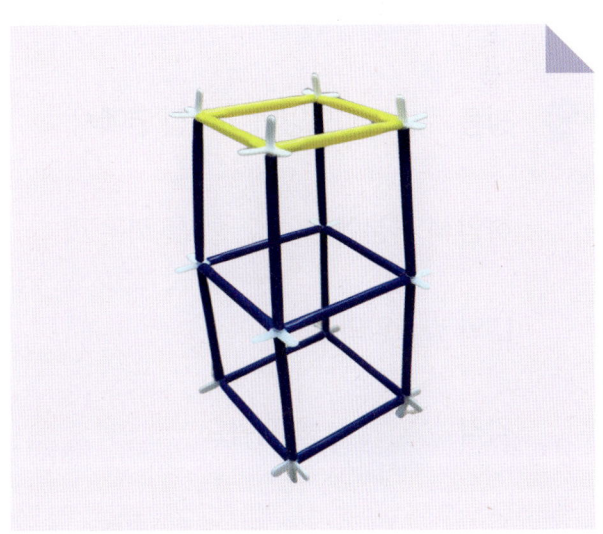

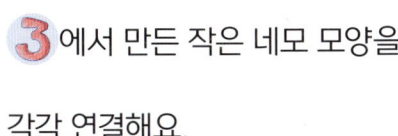

2번 막대 (6cm)

3번 막대 (5cm)

5. 우리가 만드는 초록 지구 **61**

7 2개를 에 끼워서 2개를 만들어요.

8 6의 ✳에 7을 연결해서 기둥을 세워요.

9 핑퐁 큐브의 O모양이 그려진 면에서 하얀색 부분에 를 끼우고, □와 ☆모양의 면에 각각 를 끼워요.

2번 막대 (6cm)

뚝딱뚝딱 함께 만들어요

10 **8**의 기둥에 핑퐁 큐브의 양쪽 면을 연결해요.

11  를 가운데에 두고 **1번 막대** 4개를 연결하고 막대 끝에 ★ 를 끼워요.

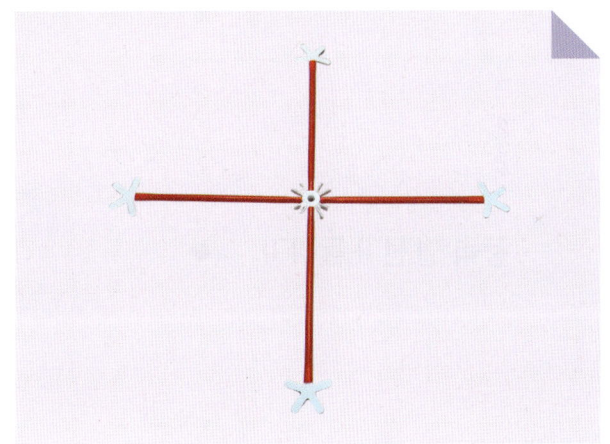

12 **11**의 날개를 핑퐁 큐브 가운데 면에 끼우면 풍력 발전기 **완성!**

1번 막대 (10cm)

5. 우리가 만드는 초록 지구   63

# 내가 바로 프로그래머

 필요한 블록을 알아봅시다.

큐브 단추를 눌렀을 때 ●　　　●

풍력 발전기 돌리기 ●　　　●

스프라이트를 클릭했을 때 ●　　　● 큐브 단추를 눌렀을 때

풍력 발전기 멈추기 ●　　　●

2 사용할 배경과 스프라이트를 선택해 봅시다.

배경

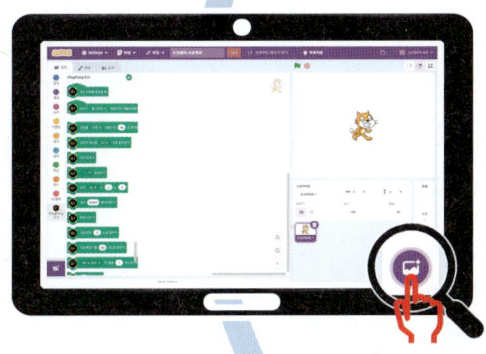

스프라이트

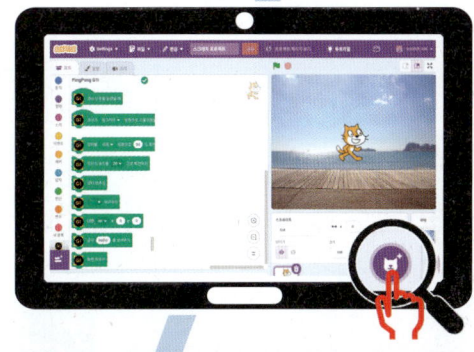

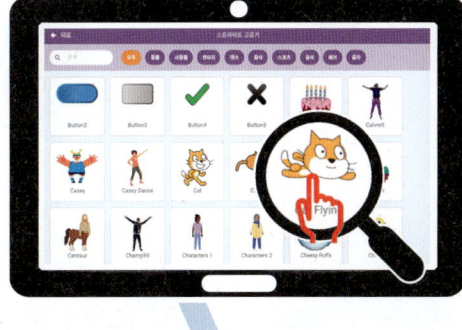

 **Tip**
스프라이트를 클릭하면 나오는 휴지통(X) 이미지를 클릭하면 스프라이트를 삭제할 수 있어요.

5. 우리가 만드는 초록 지구 **65**

내가 바로 프로그래머

 프로그래밍을 해 봅시다.

① 큐브 단추를 누르면 풍력 발전기가 돌아가도록 코딩해 보세요.

② 날으는 고양이 스프라이트를 클릭하면 풍력 발전기가 멈추도록 코딩해 보세요.

이런 것도 할 수 있어요

 앞에서 만들어 본 풍력 발전기에 추가하고 싶은 것이 있나요?
그래서 붙이거나, 막대를 추가하여 나만의 풍력 발전기를 꾸며 보세요.

추가하고 싶은 것	추가하는 방법

 풍력 발전기의 방향을 바꾸려면 블록의 어느 부분을 바꿔야 할까요?

 풍력 발전기의 모터 회전 방향을 반대로 만들어 보세요.

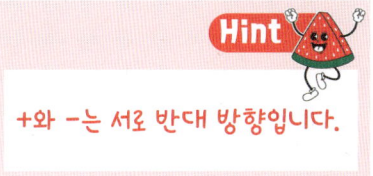

+와 -는 서로 반대 방향입니다.

5. 우리가 만드는 초록 지구

 # 표정으로 말해요

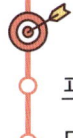
- 포디프레임을 사용하여 나만의 마음별을 만들 수 있어요.
- 도트 매트릭스에 다양한 내 표정을 나타낼 수 있어요.

날 따라해봐요, 이렇게 ♪

이모티콘 표정을 하나씩 따라해 보세요.

여러분의 현재 감정을 표정으로 나타낼 수 있나요?

친구의 표정을 살펴보고 어떤 감정일지 이야기해 보세요.

오늘은 다양한 표정을 도트매트릭스에 나타내 보아요.

 **생각열기**

오늘 여러분의 마음을 그림이나 글로 표현해 봅시다.

 **오늘의 작품을 소개합니다**

포디프레임으로 오늘 나의 마음과 기분을 담은 나만의 마음별을 만들어 보아요.

필요한 준비물을 알아보아요

- 핑퐁 큐브 1개
- 핑퐁 스크래치 앱
- 포디프레임
- 도트매트릭스
- 연필
- 가위
- 테이프

필요한 준비물을 함께 찾아보아요

포디프레임 막대를 직접 대보고 크기를 비교해서 준비해 봅시다.

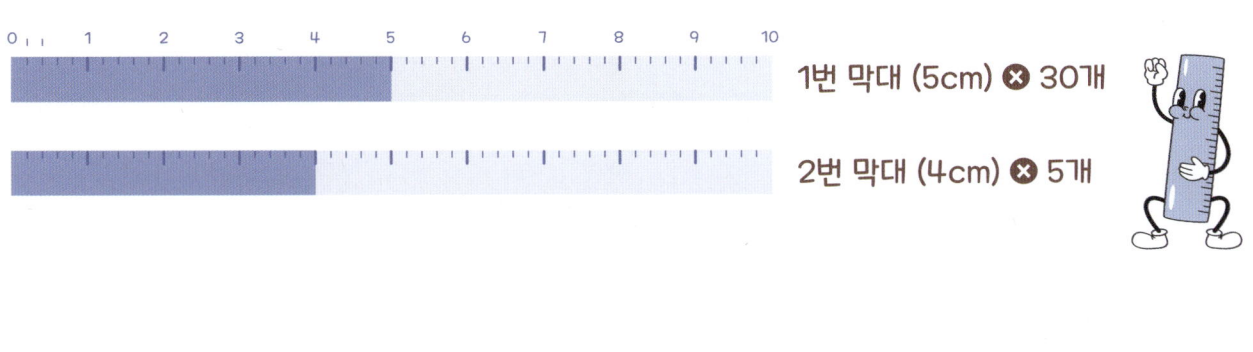

1번 막대 (5cm) ✕ 30개

2번 막대 (4cm) ✕ 5개

6발 × 15개

5발 × 1개

6. 표정으로 말해요

뚝딱뚝딱 함께 만들어요

포디프레임으로 나만의 마음별을 만들어 봅시다.

1. **1번 막대** 5개와 ✱ 5개를 이용해서 ⬠ 모양을 만들어요.

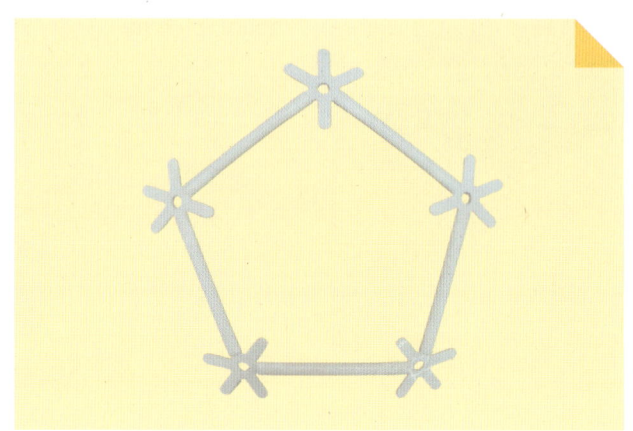

2. ✱ 마다 **1번 막대**를 2개씩 연결해서 사진과 같이 별 모양을 만들어요.

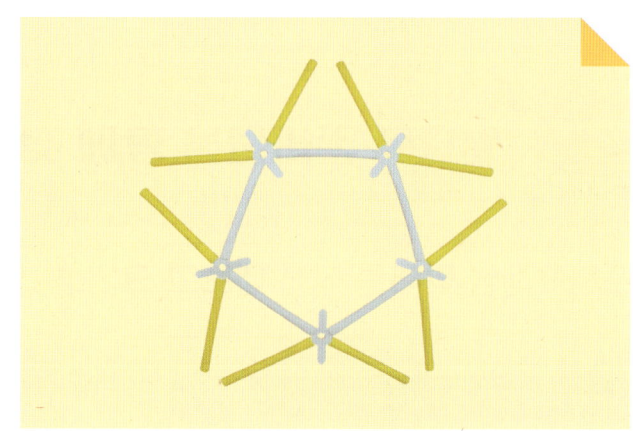

3. 별 모양을 하나 더 만들어요.

1번 막대 (5cm)

4 2개의 별을 ✳ 5개를 이용해서 서로 연결해 주세요.

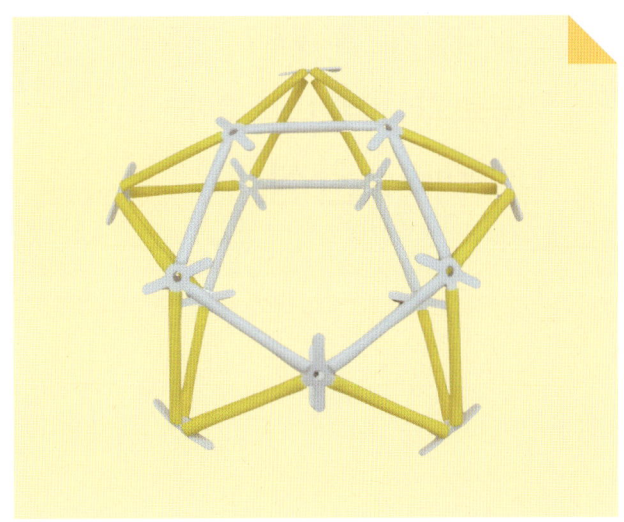

5 ⭐ 에 **2번 막대** 5개를 연결해요.

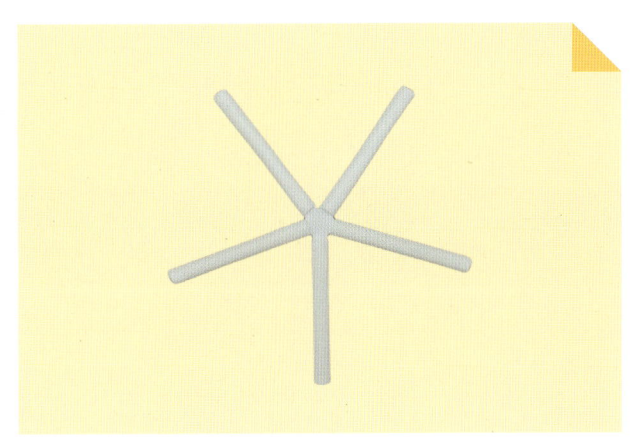

6 **5**를 별 앞 부분의 가운데 부분에 사진과 같이 연결해 주세요.

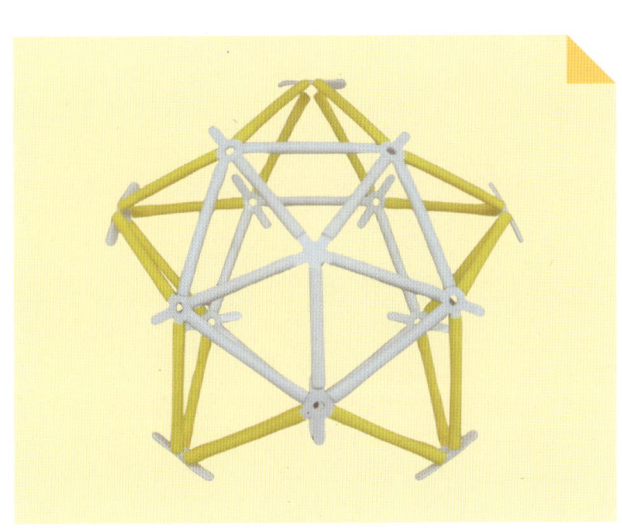

2번 막대 (4cm)

6. 표정으로 말해요

7 오늘 나의 기분을 부록 2 에 적고 가위로 오려서 테이프로 붙이면 나만의 마음별 **완성!**

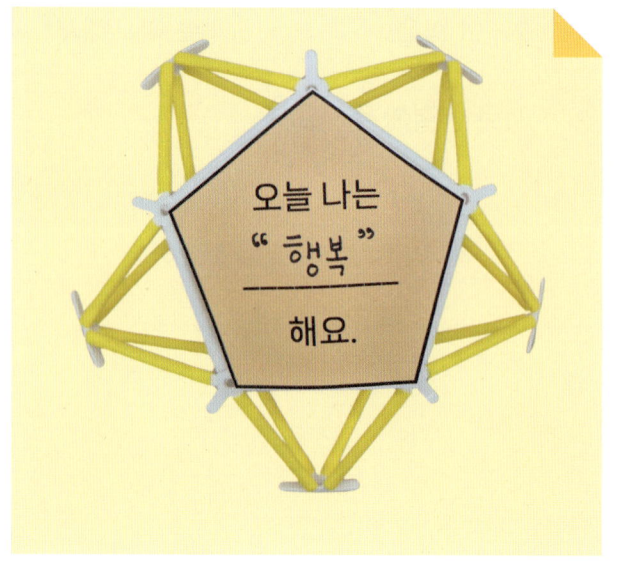

내가 바로 프로그래머

 기분에 어울리는 표정을 생각해보고, 도트매트릭스에 표현해 봅시다.

행복할 때

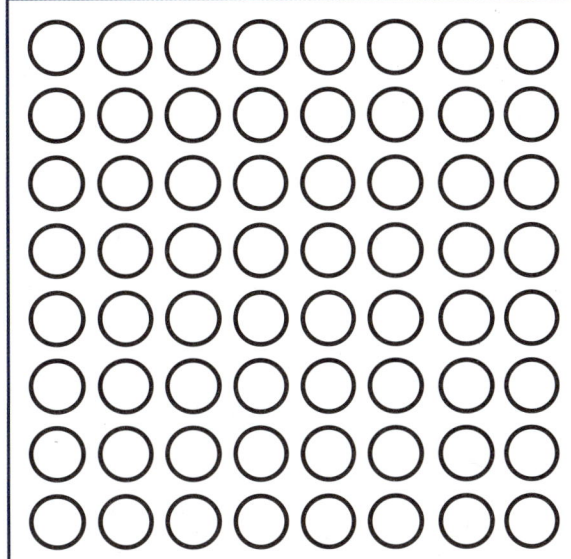

화가 날 때

놀랐을 때

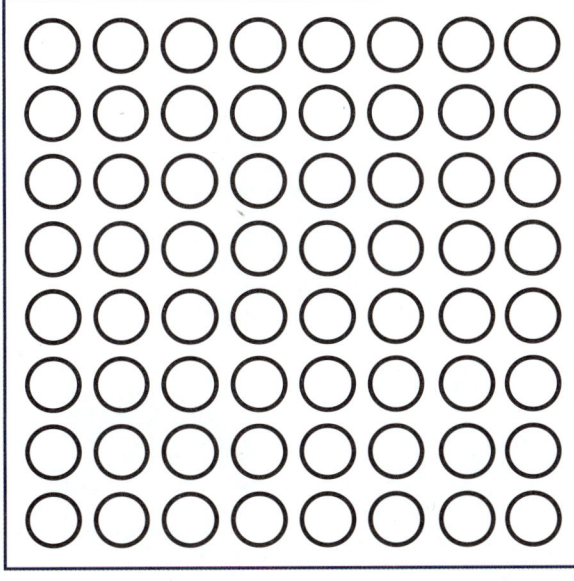

슬플 때

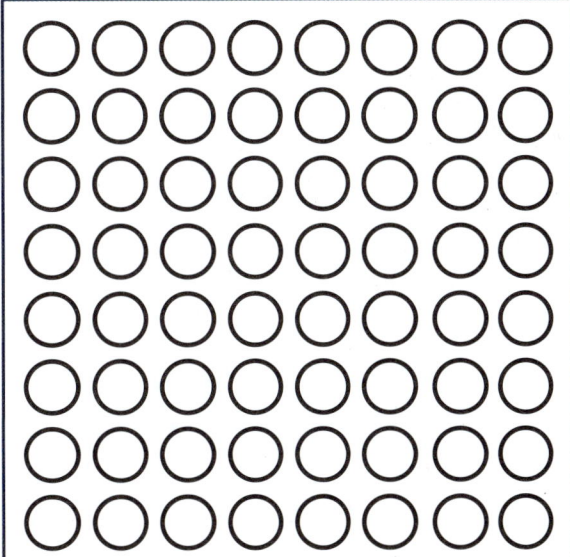

6. 표정으로 말해요

내가 바로 프로그래머

 필요한 블록을 알아봅시다.

스프라이트를 클릭했을 때   •   •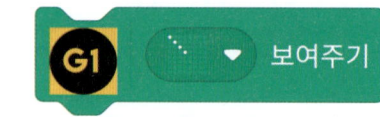

도트매트릭스 보여주기   •   •   이 스프라이트를 클릭했을 때

Tip

도트매트릭스는 많은 작은 점들로 그림이나 글자를 나타내는 방법이에요.

도트매트릭스 뒷면의 튀어나온 부분을 핀퐁과 연결해서 사용해요.

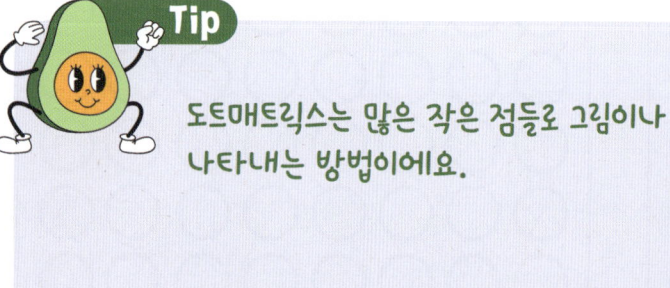
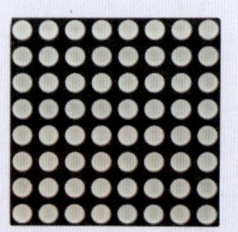

사용할 스프라이트를 선택해 봅시다.

스프라이트

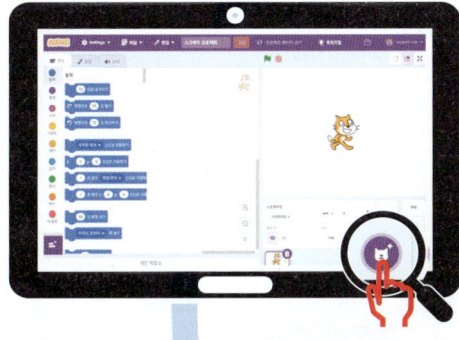 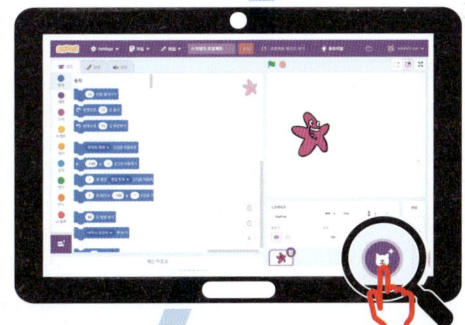

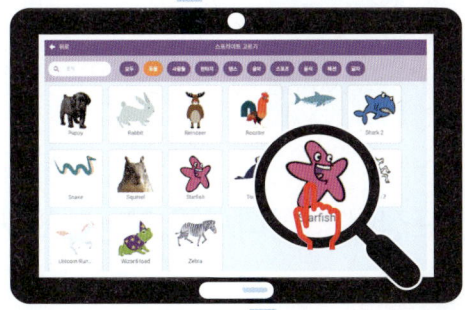 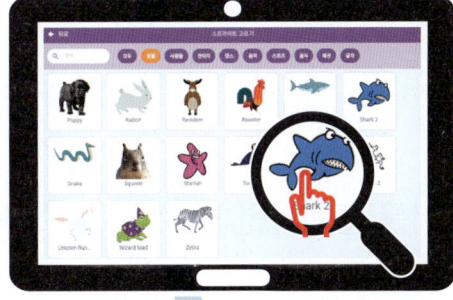

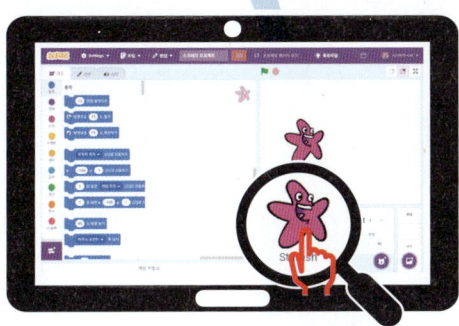 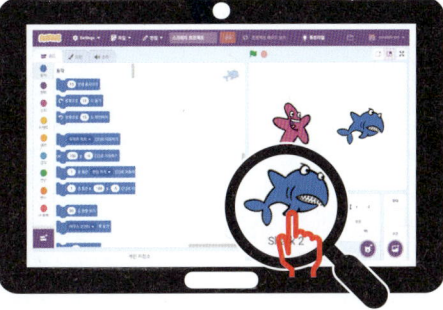

6. 표정으로 말해요 77

내가 바로 프로그래머

 프로그래밍을 해 봅시다.

① 웃는 불가사리를 클릭하면 도트매트릭스에 웃는 표정이 나타나도록 코딩해 보세요.

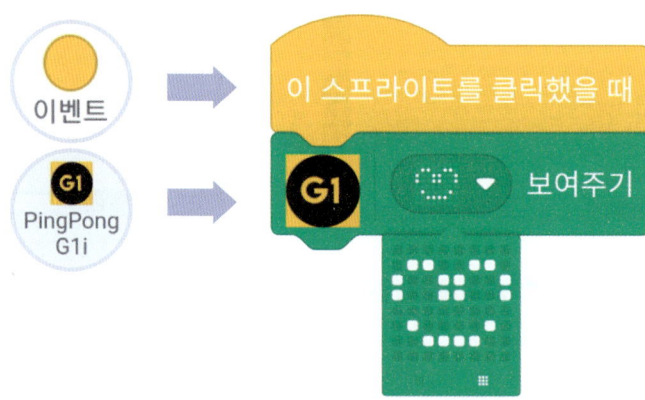

② 상어를 클릭하면 도트매트릭스에 화난 표정이 나타나도록 코딩해 보세요.

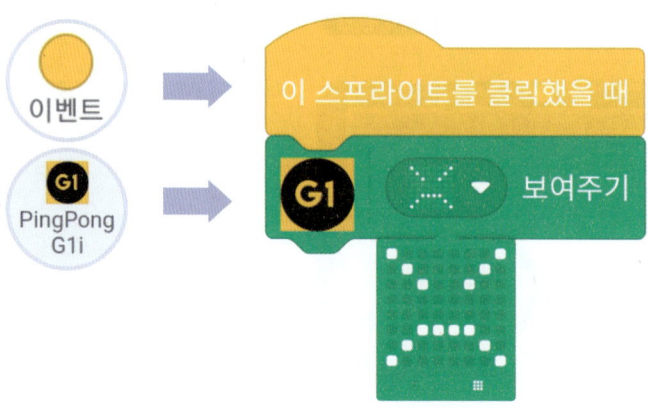

이런 것도 할 수 있어요

 도트매트릭스에 여러분이 표현하고 싶은 표정이나 모양을 나타내어 보세요.

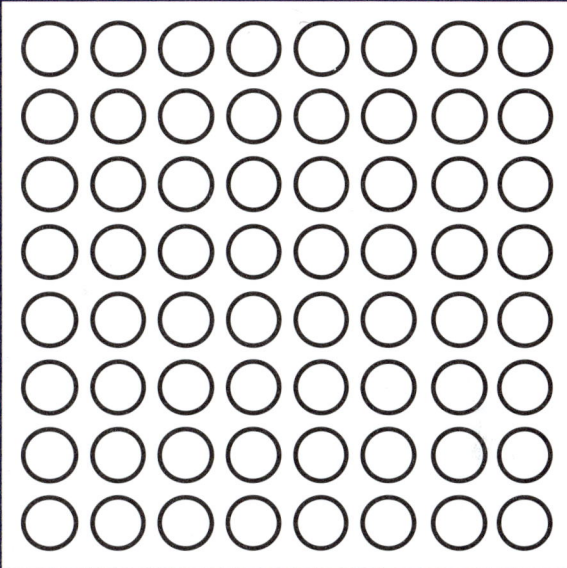

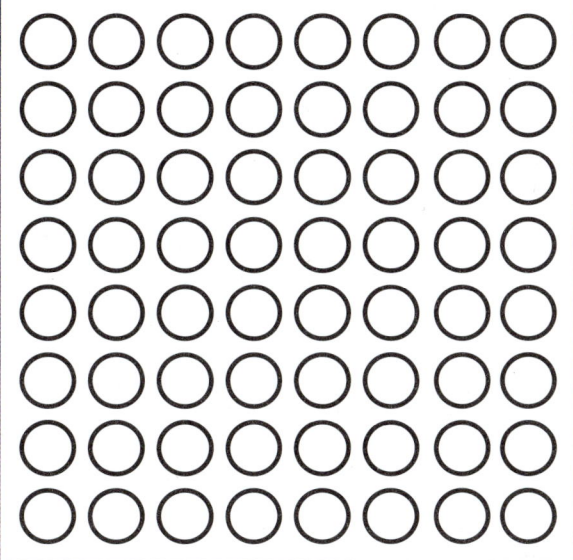

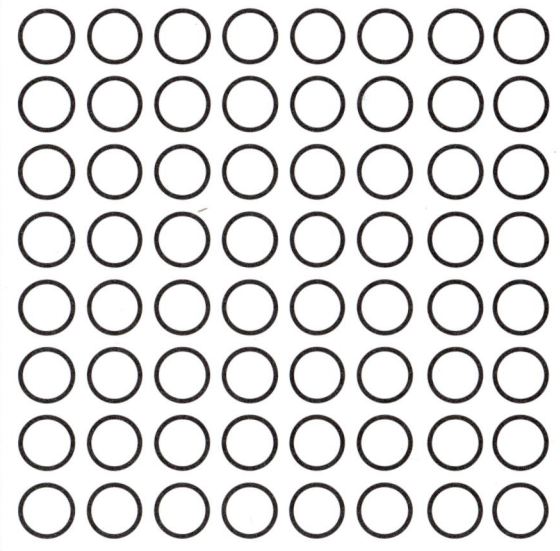

평소 자신의 표정과 친구의 표정은 어떤 모습인가요?

어떤 표정으로 친구들과 함께 지내고 싶나요?

6. 표정으로 말해요

안전한 우리 교실

- 포디프레임을 사용하여 안전 전광판을 만들 수 있어요.
- 교실에서 지켜야 할 안전수칙을 도트매트릭스에 나타낼 수 있어요.

학교로 가는 길, 안전하게!

등하교할 때 지켜야 할 안전수칙을 함께 살펴봅시다.

'안전한 어린이 등하굣길 만들기'
(출처: 행정안전부 안전한tv)

- 교실에서 발생할 수 있는 안전사고에는 무엇이 있을까요?
- 안전한 학교 생활을 위해 지켜야 할 안전수칙에는 어떤 것이 있을까요?
- 오늘은 안전한 교실, 학교를 만들기 위해 함께 노력해야 할 점을 살펴보아요.

 **생각열기**

학교에서 지켜야 할 안전수칙을 그림이나 글로 표현해 봅시다.

 **오늘의 작품을 소개합니다**

도트매트릭스를 사용하여 안전 규칙을 알리는 전광판을 만들어 보아요.

 ## 필요한 준비물을 알아보아요

핑퐁 큐브 1개 | 핑퐁 스크래치 앱 | 포디프레임 | 도트매트릭스

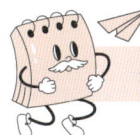 ## 필요한 준비물을 함께 찾아보아요

포디프레임 막대를 직접 대보고 크기를 비교해서 준비해 봅시다.

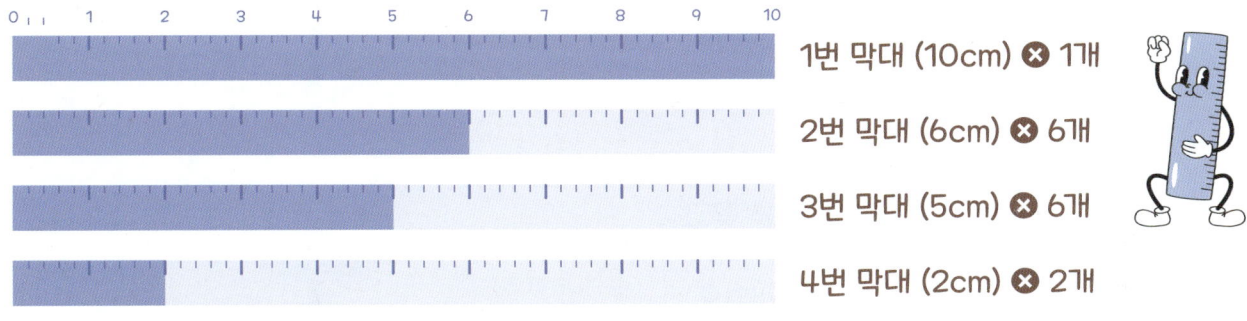

1번 막대 (10cm) ⊗ 1개
2번 막대 (6cm) ⊗ 6개
3번 막대 (5cm) ⊗ 6개
4번 막대 (2cm) ⊗ 2개

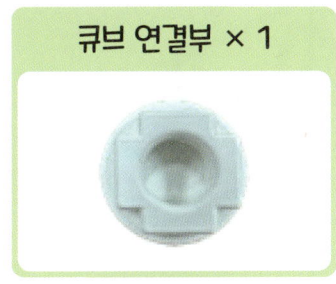

큐브 연결부 × 1

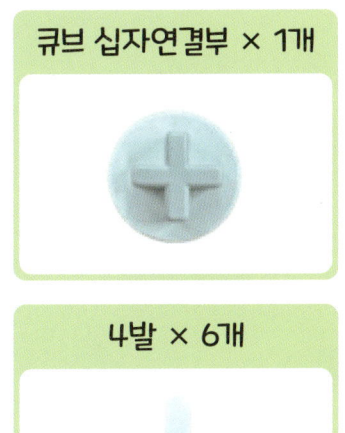

큐브 십자연결부 × 1개

12발 × 2개

6발 × 1개

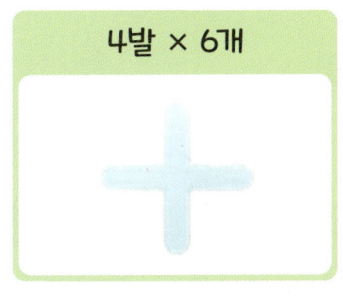

4발 × 6개

7. 안전한 우리 교실

뚝딱뚝딱 함께 만들어요

핑퐁 큐브와 포디프레임으로 안전 전광판을 만들어 봅시다.

1. ✳ 에 `2번 막대` 6개를 끼워요.

2. `2번 막대` 끝에 ✚ 를 끼워서 사진과 같이 만들어요

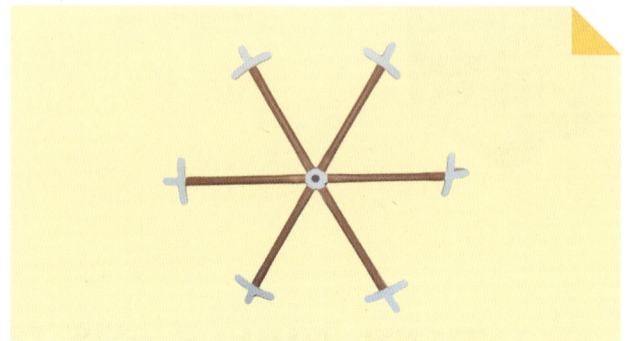

3. 2 에서 끼운 ✚ 를 `3번 막대`를 이용해서 서로 이어주세요.

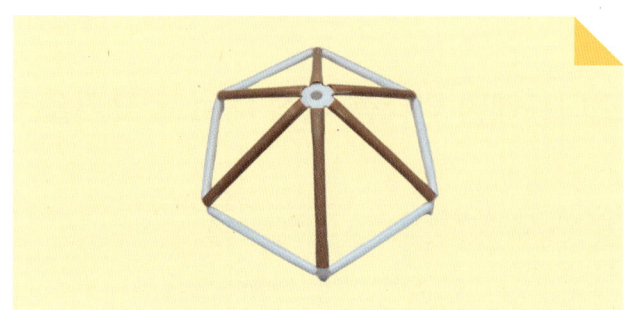

4. 3 의 가운데 구멍에 `1번 막대`를 꽂고 `1번 막대` 끝에 ✺ 를 끼워요.

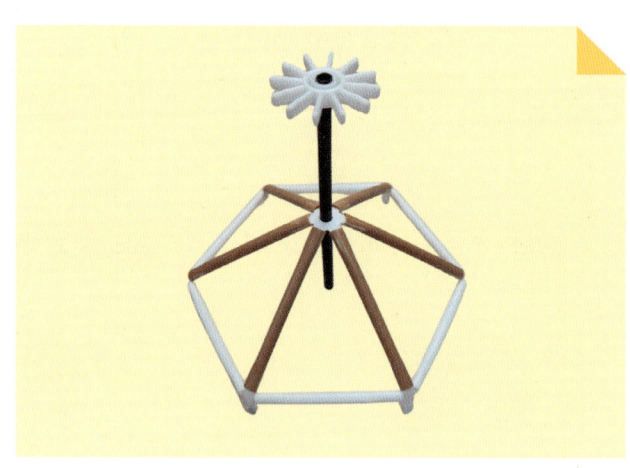

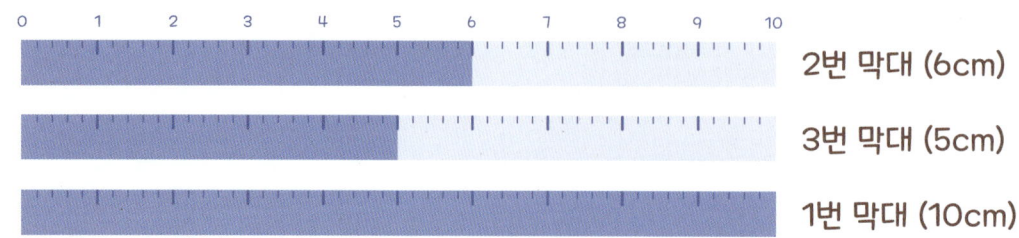

2번 막대 (6cm)
3번 막대 (5cm)
1번 막대 (10cm)

5 핑퐁 큐브의 ○ 면 하얀색 연결부에 를 꽂아요.

6 에 **4번 막대** 2개를 나란히 끼워요.
(빨강, 파랑 막대를 사용하면 더 좋아요.)

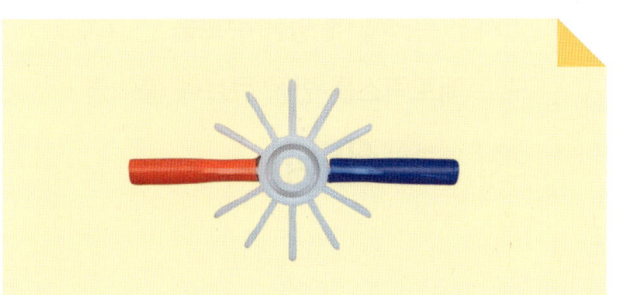

7 핑퐁 큐브의 ○면에 6 을 연결해요.

4번 막대 (2cm)

8 핑퐁 큐브의 △면의 + 모양 연결부에  를 꽂아요.

9 앞서 만든 4에 핑퐁 큐브를 연결하고 도트 매트릭스를 핑퐁 큐브에 붙이면 안전 전광판 **완성!**

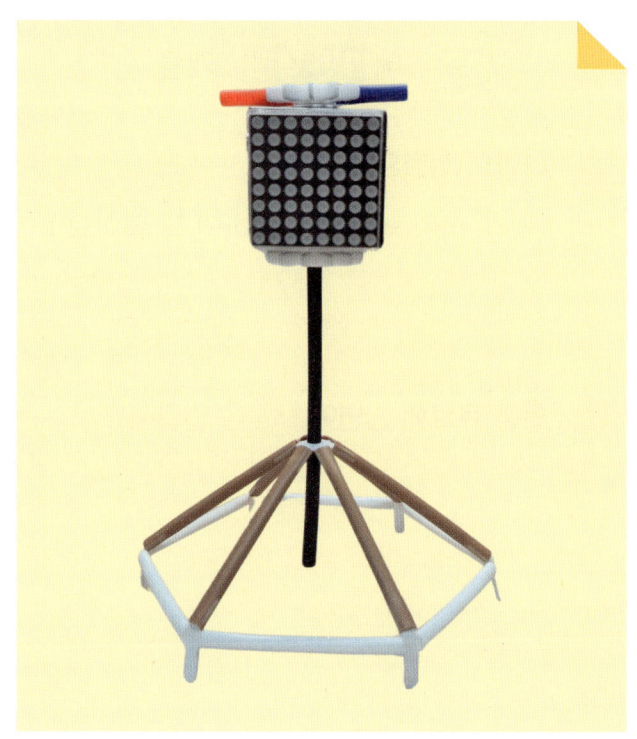

내가 바로 프로그래머

 안전과 관련된 글자를 도트매트릭스로 표현해 봅시다.

7. 안전한 우리 교실

내가 바로 프로그래머

 필요한 블록을 알아봅시다.

녹색 깃발을 클릭했을 때　●　　　●　

도트매트릭스 보여주기　●　　　●　

 사용할 배경과 스프라이트를 선택해 봅시다.

배경	스프라이트

프로그래밍을 해 봅시다.

녹색 깃발을 클릭하면 "뛰지마" 글자가 도트매트릭스에 나타나도록 코딩해 보세요.

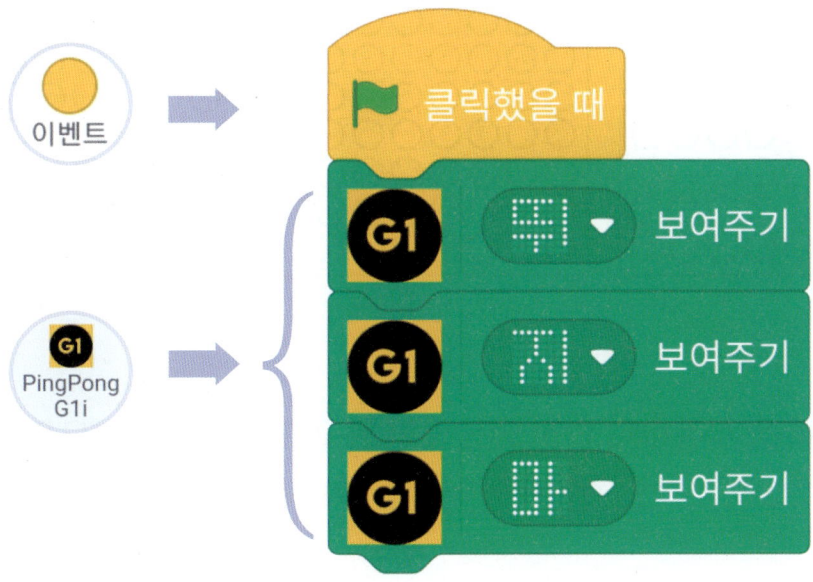

이런 것도 할 수 있어요

 앞에서 만들어 본 안전 전광판에 추가하고 싶은 문구가 있나요?
도트매트릭스에 다른 문구를 넣어 나만의 안전 전광판을 꾸며 보세요.

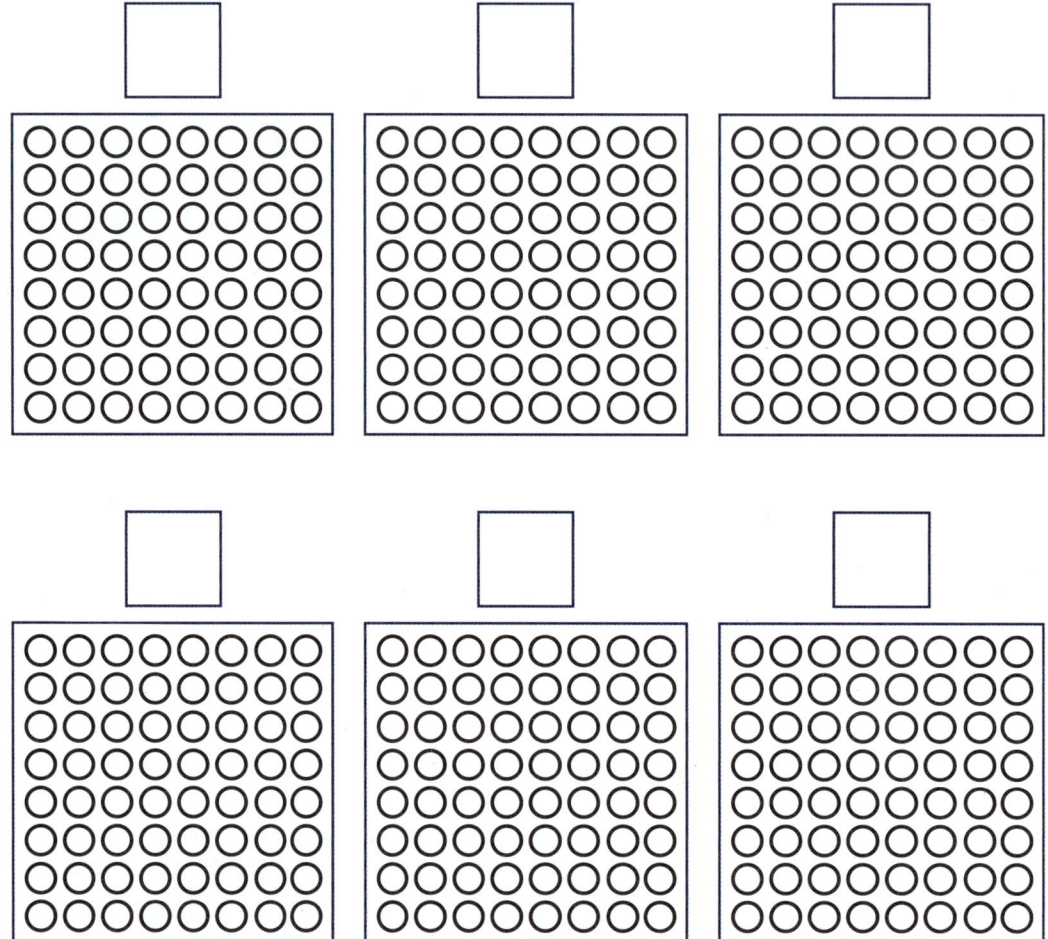

 반복 블록을 사용하여 안전 전광판의 문구가 반복해서 나오도록 해 보세요.

90 포디큐브와 함께하는 피지컬코딩

나만의 인형, 오르골

- 포디프레임을 사용하여 오르골을 만들 수 있어요.
- 오르골 인형이 회전하며 노래가 나오도록 할 수 있어요.

사소한 소원만 들어주는 두꺼비

그림책을 함께 읽고 이야기 나눠 봅시다.

'사소한 소원만 들어주는 두꺼비'
(출처: 전금자 글·그림, 비룡소)

나의 소원은 무엇인가요?

소원을 들어주는 인형이 있다면 어떤 모습일까요?

오늘은 소원을 들어주는 나만의 인형, 오르골을 함께 만들어 보아요.

 **생각열기**

나의 소원은 무엇인지 그림이나 글로 표현해 봅시다.

 **오늘의 작품을 소개합니다**

노래가 나오며 회전하는 나만의 오르골을 만들어 보아요.

필요한 준비물을 알아보아요

핑퐁 큐브 1개   핑퐁 스크래치 앱   포디프레임

색연필   가위   테이프

필요한 준비물을 함께 찾아보아요

포디프레임 막대를 직접 대보고 크기를 비교해서 준비해 봅시다.

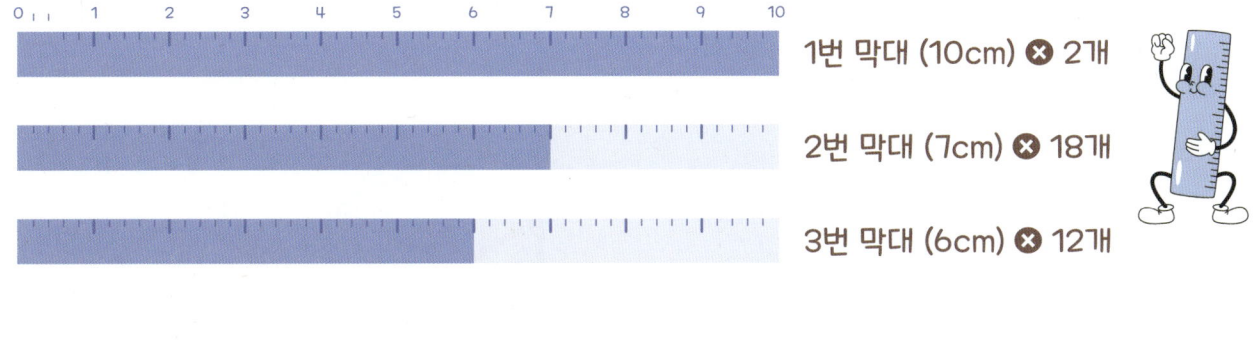

1번 막대 (10cm) ✖ 2개
2번 막대 (7cm) ✖ 18개
3번 막대 (6cm) ✖ 12개

| 큐브 연결부 × 1 | 12발 × 1개 | 6발 × 2개 | 4발 × 13개 |

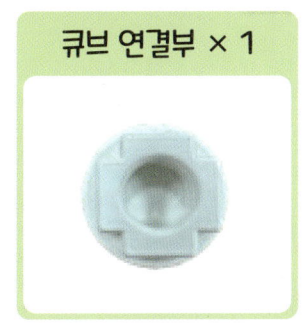   

8. 나만의 인형, 오르골

뚝딱뚝딱 함께 만들어요

핑퐁 큐브와 포디프레임으로 오르골을 만들어 봅시다.

1. ✳ 에 **2번 막대** 6개를 끼워서 사진과 같이 만들어요. (2개 만들어요.)

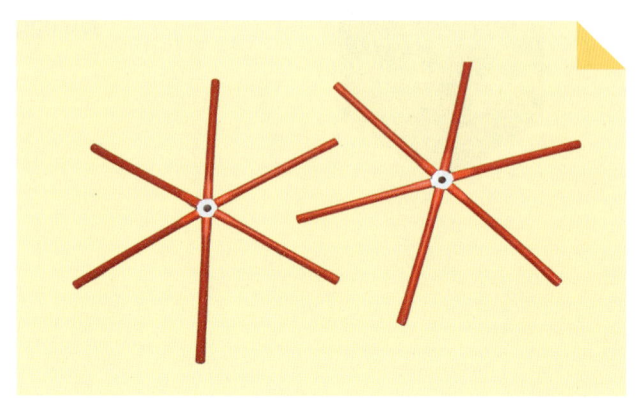

2. **1** 에서 연결한 **2번 막대** 끝에 ✚ 를 모두 끼워요. (2개 만들어요.)

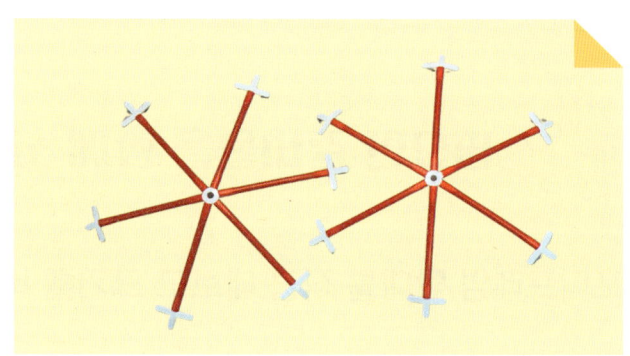

3. **2** 에서 끼운 ✚ 들을 **3번 막대**를 이용해서 서로 이어주세요.(2개 만들어요.)

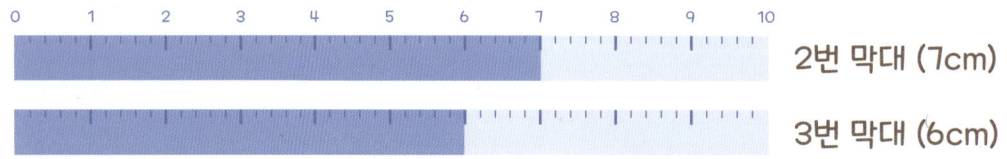

2번 막대 (7cm)
3번 막대 (6cm)

4. 3 에서 만든 2개의 모양을 2번 막대 6개를 이용하여 연결하여 오르골 모양을 만들어요.

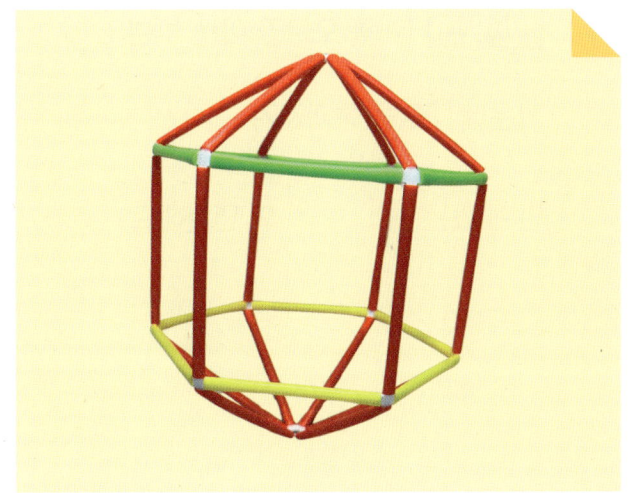

5. 1번 막대 끝에  1개를 끼워주세요

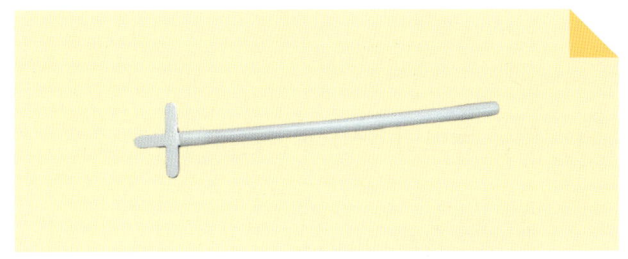

6. 5 의 1번 막대 를 오르골 윗부분의 가운데 구멍에 꽂아요.
 이 아래를 향하도록 안쪽에서부터 끼워야 해요.

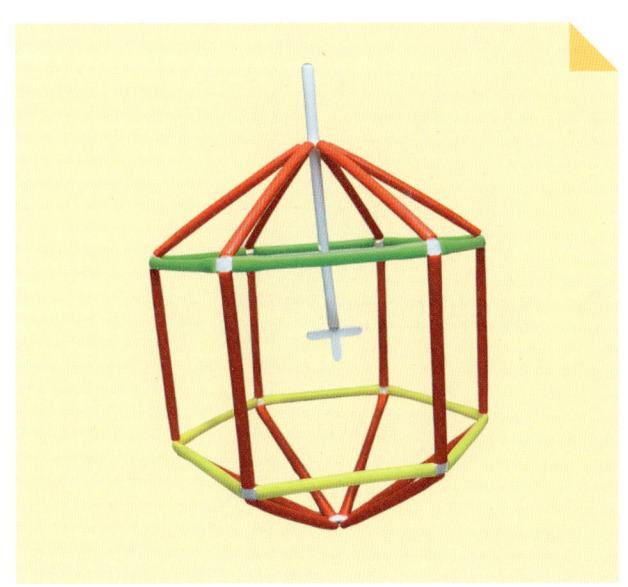

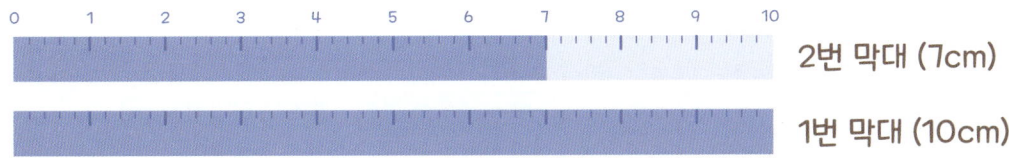

2번 막대 (7cm)
1번 막대 (10cm)

7 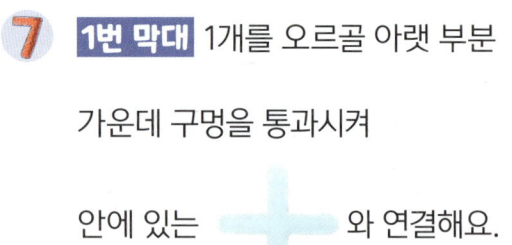 1개를 오르골 아랫 부분 가운데 구멍을 통과시켜 안에 있는 ➕ 와 연결해요.

8 핑퐁 큐브의 하얀색 연결부에  를 끼워요.

9 **8** 에서 연결한 ⚙ 위에 ✴ 를 끼워요.

1번 막대 (10cm)

10 핑퐁큐브 위에 오르골을 꽂아서 완성해요.

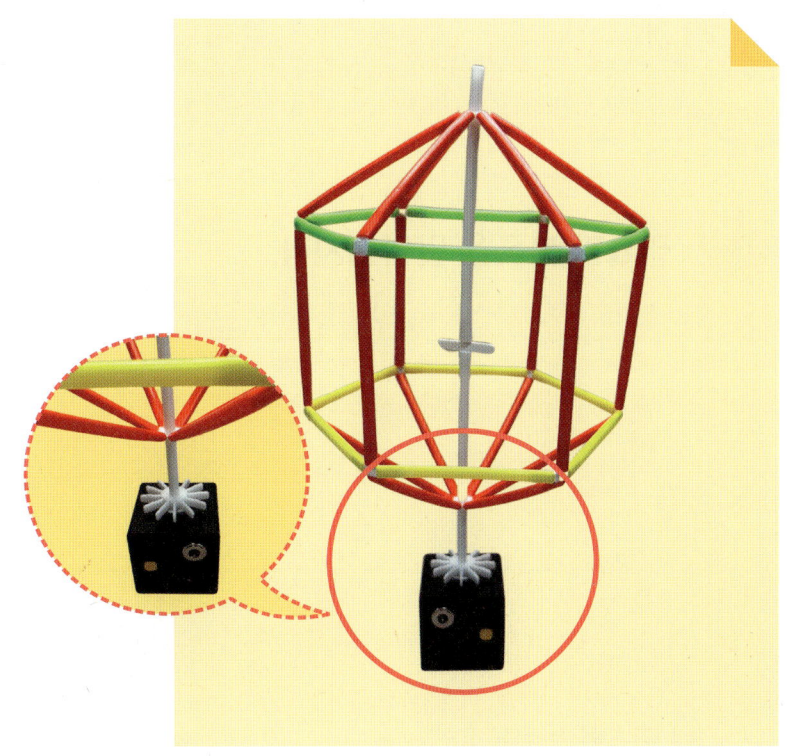

11 부록 3 을 이용하여 나만의 인형을 색칠하고 오르골 안에 붙이면 빙글빙글 돌아가는 오르골 **완성!**

8. 나만의 인형, 오르골

내가 바로 프로그래머

 필요한 블록을 알아봅시다.

| Classical Piano ▼ 끝까지 재생하기 | 선택한 소리를 끝까지 재생합니다. |

큐브 단추를 눌렀을 때 ●   ● G1 모터 멈추기

소리 재생하기 ●   ● 이 스프라이트를 클릭했을 때

오르골 움직이기 ●   ● Classical Piano ▼ 끝까지 재생하기

오르골 멈추기 ●   ● G1 큐브 단추를 눌렀을 때

스프라이트를 클릭했을 때 ●   ● G1 모터의 속도를 20 ▼ 으로 회전하기

사용할 배경과 스프라이트, 소리를 선택해 봅시다.

배경

스프라이트

소리
 Classical Piano

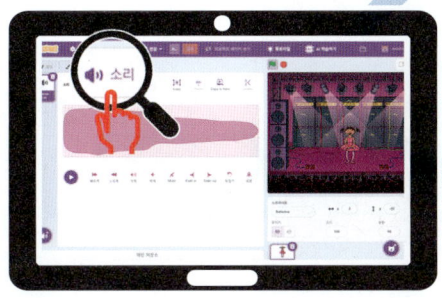

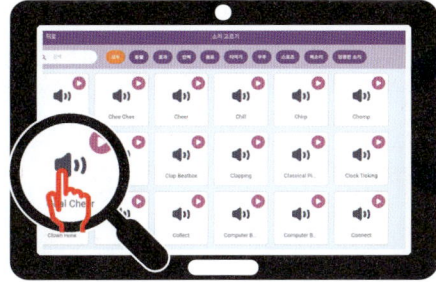

8. 나만의 인형, 오르골

# 내가 바로 프로그래머

 프로그래밍을 해 봅시다.

1. 큐브 단추를 누르면 오르골이 돌아가면서 소리가 재생되도록 코딩해 보세요.
※ 실행 시 큐브 단추를 길게 누르면 큐브의 연결이 끊어지니 유의하세요.

2. 발레리나 스프라이트를 클릭하면 오르골이 멈추도록 코딩해 보세요.

이런 것도 할 수 있어요

 앞에서 만들어 본 오르골에 추가하고 싶은 것이 있나요?
그려서 붙이거나, 막대를 추가하여 나만의 오르골을 꾸며 보세요.

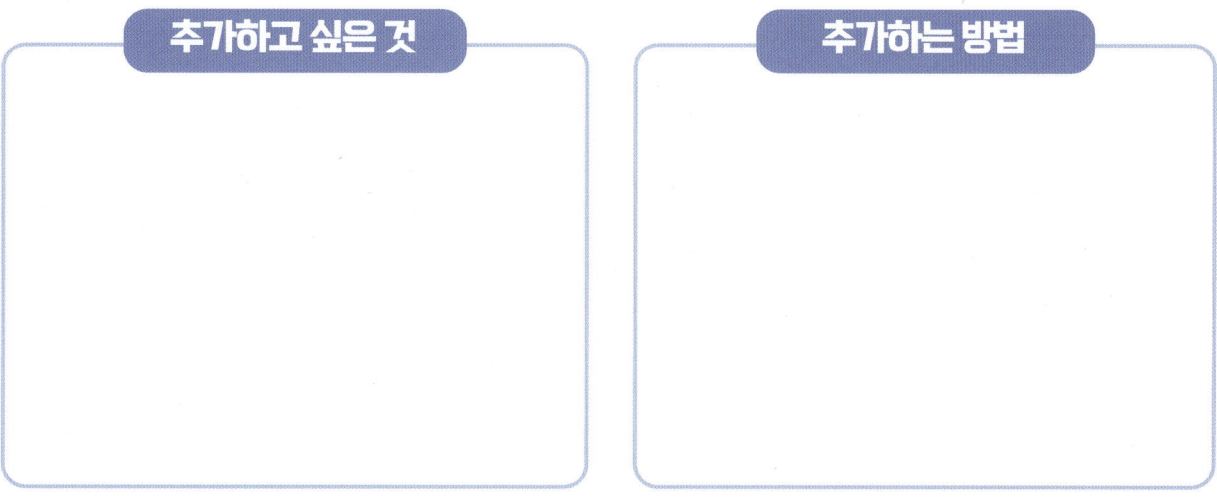

 오르골이 표현하는 소리를 바꾸려면 블록의 어느 부분을 바꿔야 할까요?

 다른 소리를 선택해 재생해보세요.

9 나는 나를 사랑해

- 포디프레임을 사용하여 트로피를 만들 수 있어요.
- 트로피가 회전하며 환호 소리가 나오도록 할 수 있어요.

아름다움을 찾은 노란 꽃 이야기

깊은 숲 속, 빨간 꽃무리 사이로 노란 꽃이 피었어요.
한 송이 노란 꽃은 자신이 다른 꽃들과 달라 보여 걱정했지요.
그러던 어느 날, 나비가 날아와 말했어요. "안녕하세요, 당신은 정말 아름답군요."
나비의 인사에 노란 꽃은 이렇게 대답했지요. "감사해요. 하지만 전 다른 꽃들처럼 아름답지 않다고 생각해요." 그 말을 들은 나비는 웃으며 말했어요.
"노란 꽃 당신은 당신만의 아름다움을 가지고 있어요. 다른 꽃들과는 다르지만, 그게 바로 당신을 특별하게 만드는 거예요."
그 순간 노란 꽃은 자신의 아름다움을 발견하게 되었어요. 그녀는 결국 자신이 가진 특별한 아름다움을 깨달았고, 더 이상 자신을 다른 꽃들과 비교하지 않았답니다.

'장점'이란 무엇일까요?

나의 장점은 무엇이 있을까요?

오늘은 나에게 주는 칭찬 트로피를 만들어 보아요.

 **생각열기**

내가 잘 할 수 있는 것은 무엇인지 그림이나 글로 표현해 봅시다.

 **오늘의 작품을 소개합니다**

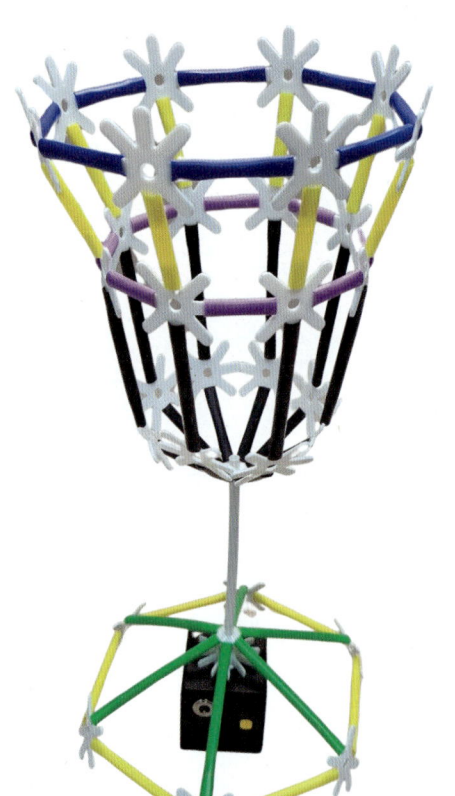

환호 소리가 나오며 회전하는 트로피를 만들어 보아요.

필요한 준비물을 알아보아요

핑퐁 큐브 1개

핑퐁 스크래치 앱

포디프레임

필요한 준비물을 함께 찾아보아요

포디프레임 막대를 직접 대보고 크기를 비교해서 준비해 봅시다.

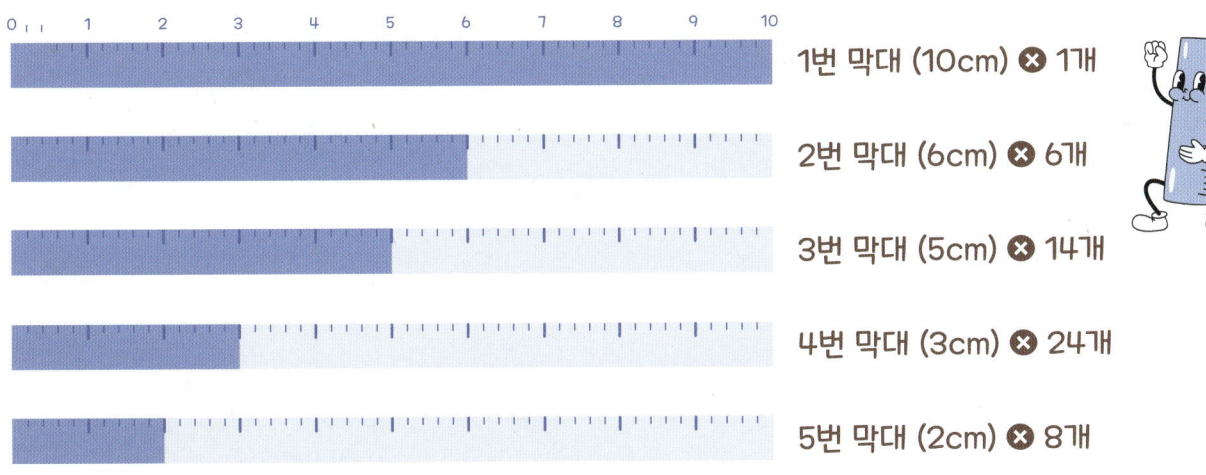

- 1번 막대 (10cm) ⊗ 1개
- 2번 막대 (6cm) ⊗ 6개
- 3번 막대 (5cm) ⊗ 14개
- 4번 막대 (3cm) ⊗ 24개
- 5번 막대 (2cm) ⊗ 8개

큐브 연결부

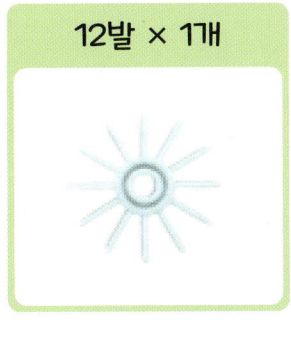
12발 × 1개

8발 × 31개

6발 × 1개

9. 나는 나를 사랑해

뚝딱뚝딱 함께 만들어요

핑퐁 큐브와 포디프레임으로 트로피를 만들어 봅시다.

1. ✱ 에 **4번 막대** 8개를 끼워서 사진과 같이 만들어요.

2. 1 에서 연결한 **4번 막대** 8개에 ✱ 8개와 **3번 막대** 8개를 차례대로 끼워요.

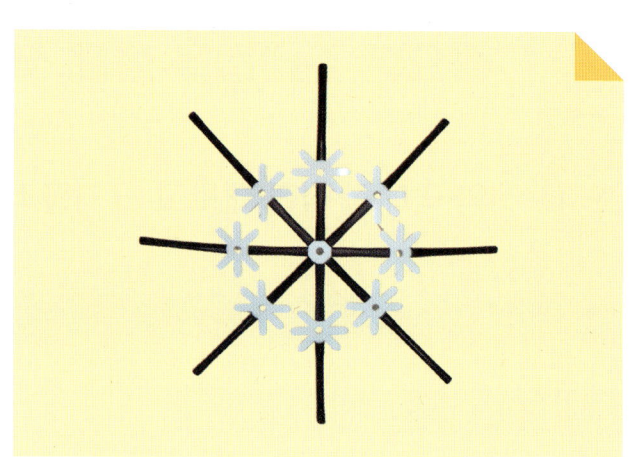

3. 2 에서 연결한 **3번 막대** 8개에 ✱ 8개를 각각 끼워요.

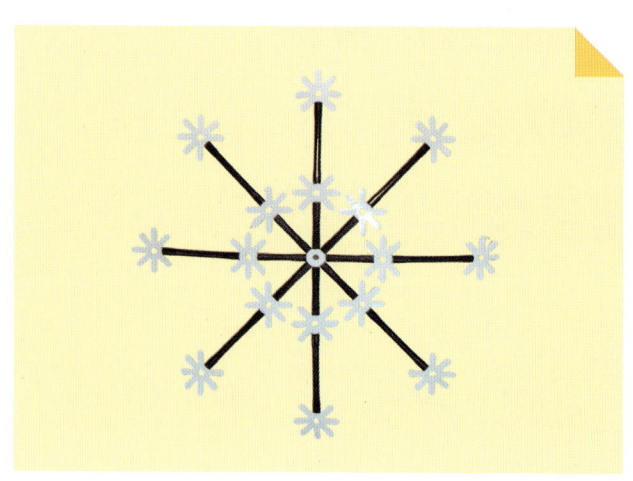

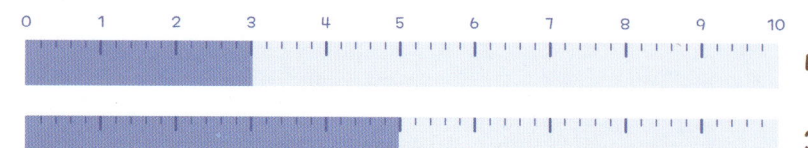

4번 막대 (3cm)

3번 막대 (5cm)

4 3 에서 끼운 들을 **5번 막대** 로 연결해서 둥근 모양이 되도록 만들어요.

5 4 의 윗부분에 **4번 막대** 8개와  8개를 차례로 연결해서 더 길쭉한 모양이 되도록 만들어요.

6 5 에서 끼운 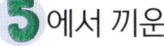 들을 **4번 막대** 로 서로 이어요.

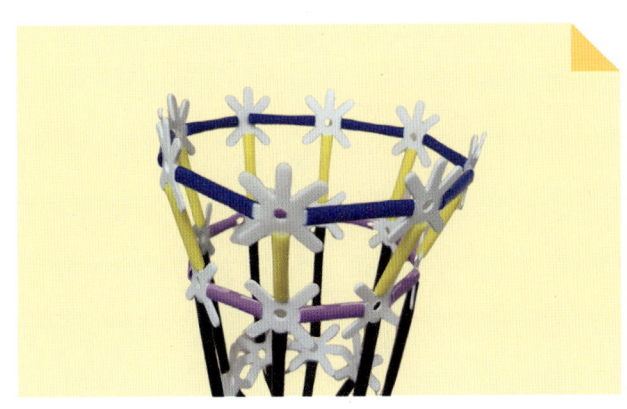

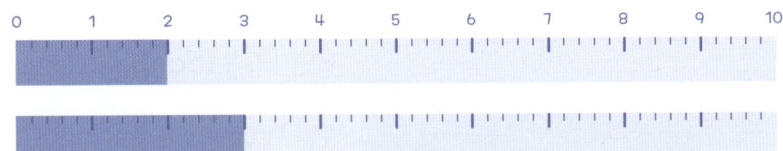

5번 막대 (2cm)

4번 막대 (3cm)

9. 나는 나를 사랑해 107

7 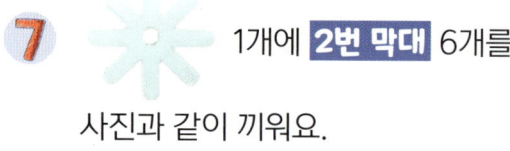 1개에 **2번 막대** 6개를 사진과 같이 끼워요.

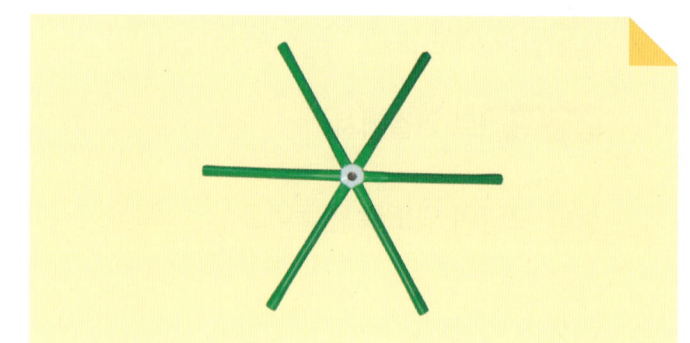

8 **7**의 **2번 막대** 끝에 를 모두 끼우고, **3번 막대**로 를 서로 이어줘요.

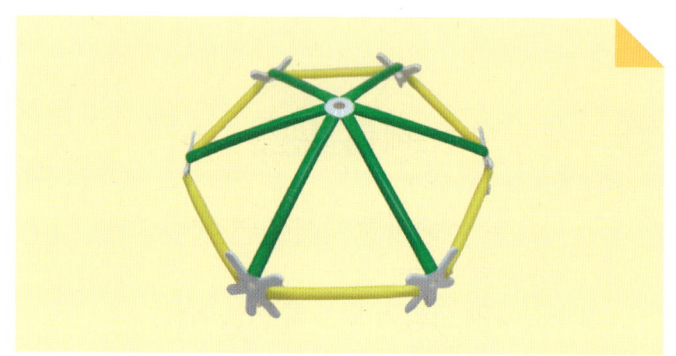

9 **1번 막대**의 양 끝을 **8**과 **6**의 구멍에 각각 끼워서 트로피 모양이 되도록 연결해 주세요.

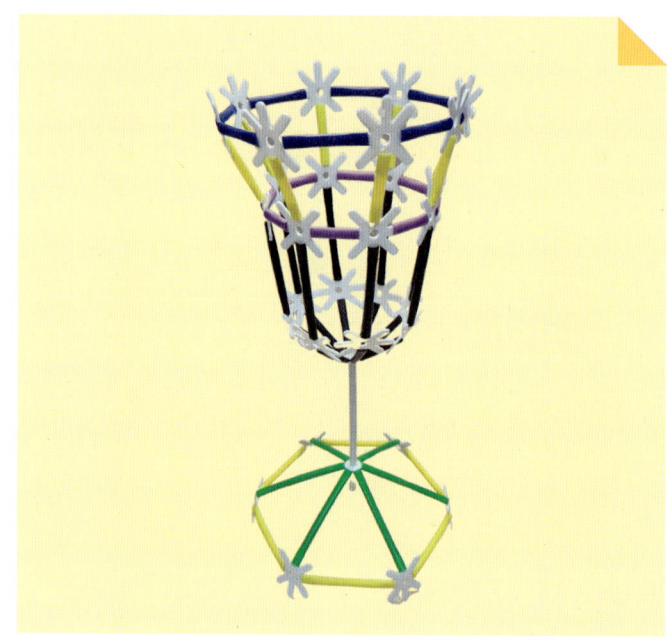

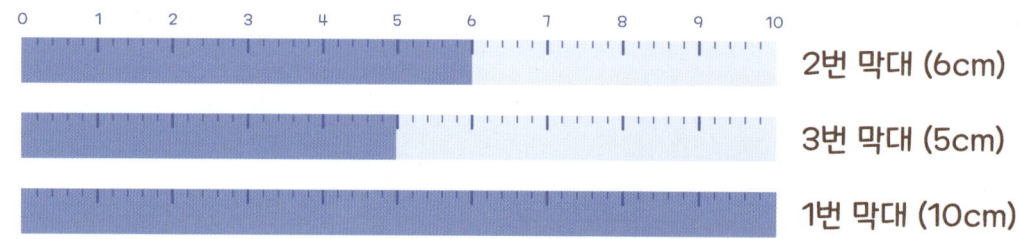

2번 막대 (6cm)
3번 막대 (5cm)
1번 막대 (10cm)

10 핑퐁 큐브의 하얀색 연결부에  를 끼워요.

11 **10**에서 연결한  위에 를 끼워요.

12 **9**에서 만든 트로피의 아래쪽 끝을 핑퐁 큐브와 연결하면 빙글빙글 돌아가는 트로피 **완성!**

9. 나는 나를 사랑해

내가 바로 프로그래머

 필요한 블록을 알아봅시다.

큐브 단추를 눌렀을 때 ●   ● G1 모터 멈추기

트로피 회전 멈추기 ●   ● G1 큐브 단추를 눌렀을 때

트로피 회전하기 ●   ● G1 모터의 속도를 20 으로 회전하기

소리 재생하기 ●   ● 이 스프라이트를 클릭했을 때

스프라이트를 클릭했을 때 ●   ● Goal Cheer 끝까지 재생하기

사용할 배경과 스프라이트, 소리를 선택해 봅시다.

배경

스프라이트

소리

 Goal Cheer

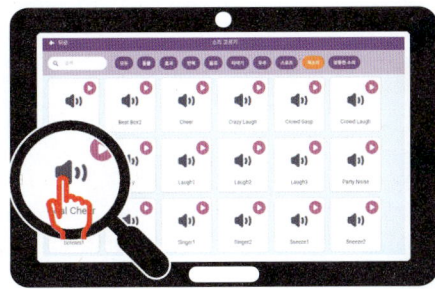

9. 나는 나를 사랑해 111

내가 바로 프로그래머

 프로그래밍을 해 봅시다.

① 큐브 단추를 누르면 트로피가 돌아가도록 코딩해 보세요.

② 스프라이트를 클릭하면 환호성이 재생되고 트로피가 멈추도록 코딩해 보세요.

112 포디큐브와 함께하는 피지컬코딩

이런 것도 할 수 있어요

 앞에서 만들어 본 트로피에 추가하고 싶은 것이 있나요?
그래서 붙이거나, 막대를 추가하여 나만의 트로피를 꾸며 보세요.

추가하고 싶은 것	추가하는 방법

2 트로피가 먼저 멈추고 환호성이 나오려면 블록의 어느 부분을 바꿔야 할까요?

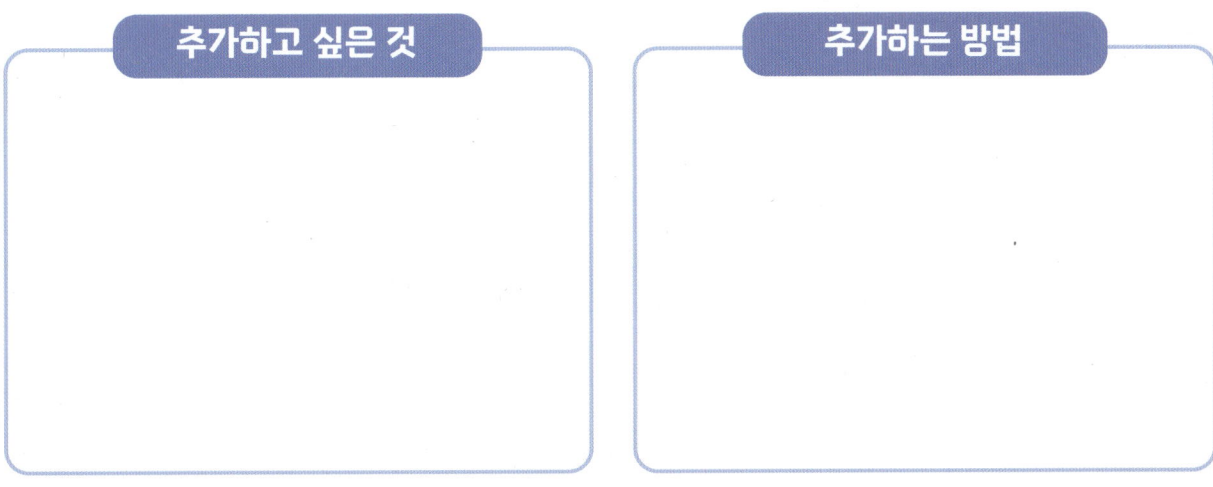

 블록의 순서를 바꾸어 보세요.

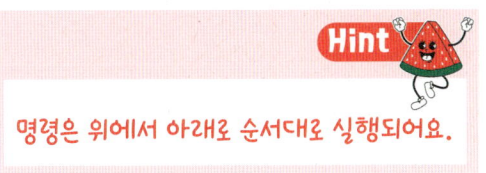
명령은 위에서 아래로 순서대로 실행되어요.

9. 나는 나를 사랑해 113

 우리의 하루

- 포디프레임을 사용하여 음악 상자를 만들 수 있어요.
- 큐브 기울기 방향에 따라 아침, 점심, 저녁, 밤에 어울리는 노래가 나오도록 할 수 있어요.

시계는 아침부터 똑딱똑딱

내가 보낸 하루를 생각하면서 '시계' 노래를 불러 봅시다.

[동요] 시계

어제 하루 동안 있었던 일을 떠올려 봅시다.

여러분은 아침, 점심, 저녁, 밤에 주로 무엇을 하나요?

여러분이 가장 좋아하는 시간은 언제인가요?

 **생각열기**

내가 가장 좋아하는 시간은 언제인지 그림이나 글로 표현해 봅시다.

 **오늘의 작품을 소개합니다**

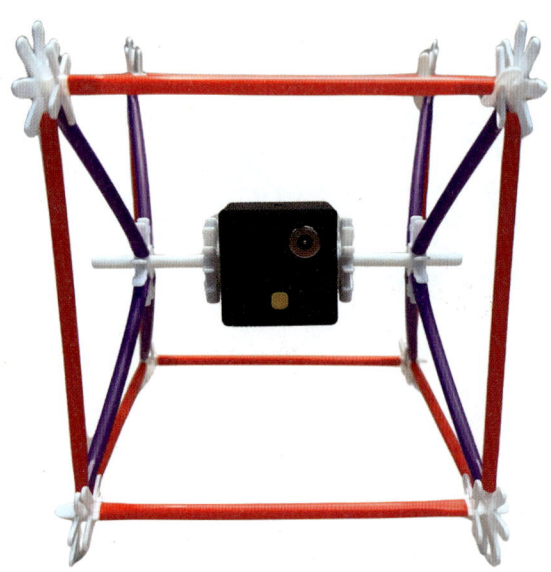

핑퐁 큐브의 기울기 방향에 따라 다른 노래가 나오는 나만의 음악 상자를 만들어 보아요.

필요한 준비물을 알아보아요

핑퐁 큐브 1개

핑퐁 스크래치 앱

포디프레임

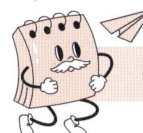
필요한 준비물을 함께 찾아보아요

포디프레임 막대를 직접 대보고 크기를 비교해서 준비해 봅시다.

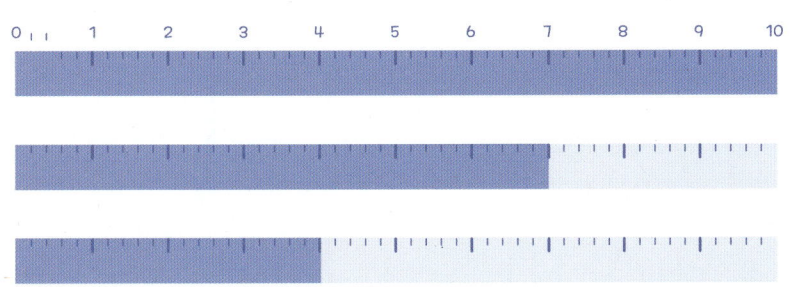
1번 막대 (10cm) ⊗ 12개
2번 막대 (7cm) ⊗ 8개
3번 막대 (4cm) ⊗ 2개

큐브 연결부 × 1

큐브 연결부 × 1개

12발 × 4개

4발 플러스 × 8개

8발 × 8개

10. 우리의 하루　117

뚝딱뚝딱 함께 만들어요

핑퐁 큐브와 포디프레임으로 음악 상자를 만들어 봅시다.

1. 연결고리 ✺ 를 이용해서 가운데에 놓고 `2번 막대` 4개씩을 사진처럼 연결해서 총 2개를 만들어요.

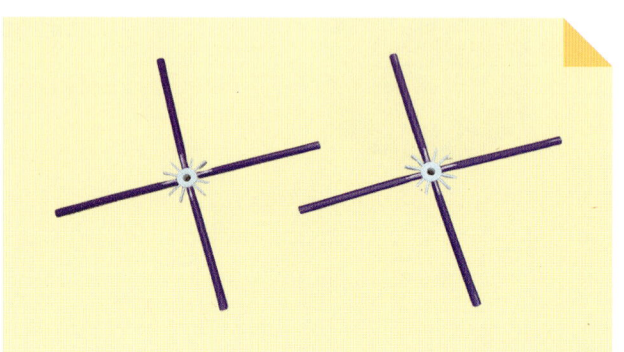

2. 연결고리 ✲ 4개씩을 `2번 막대` 반대쪽 끝에 모두 끼워요.

3. `1번 막대` 4개씩을 연결고리 ✲ 에 그림처럼 네모 모양으로 서로 연결해줘요.

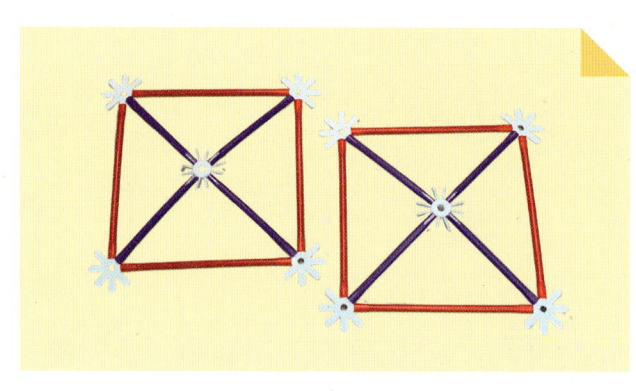

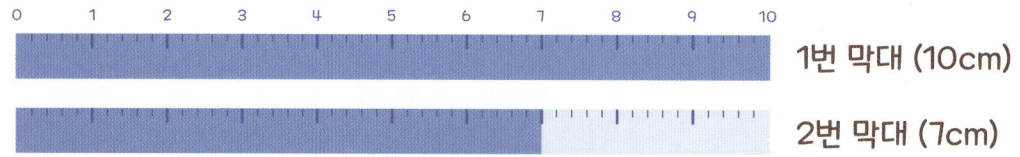

1번 막대 (10cm)

2번 막대 (7cm)

118 포디큐브와 함께하는 피지컬코딩

4 연결고리  를 이용하여 **1번 막대** 4개의 양쪽 끝에 끼워요.

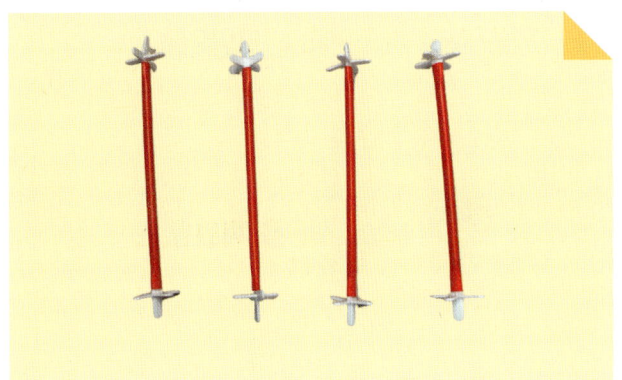

5 연결고리  를 서로 겹치게 끼워서 4개의 기둥을 세워요.

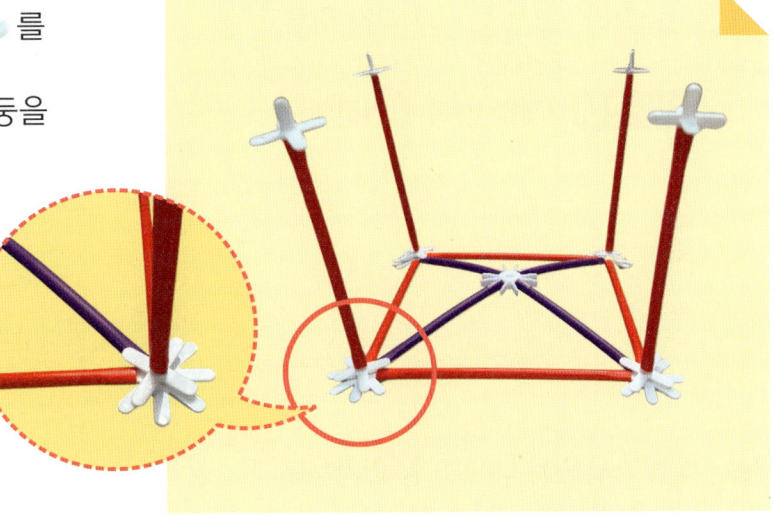

6 연결고리  를 서로 겹치게 끼워서 ③에서 만든 다른 네모로 뚜껑을 만들어줘요.

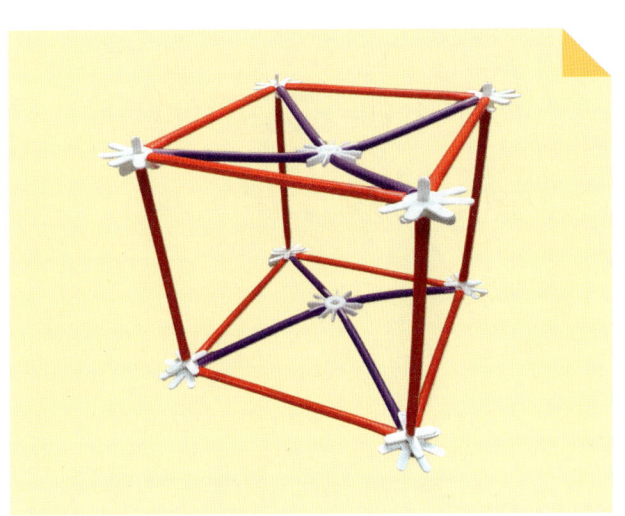

1번 막대 (10cm)

7 핑퐁 큐브 △모양과 ○모양이 그려진 쪽에 연결고리  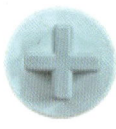 를 끼워요.

8 연결고리 를 각각 끼우고 **3번 막대** 2개를 양쪽에 연결해요.

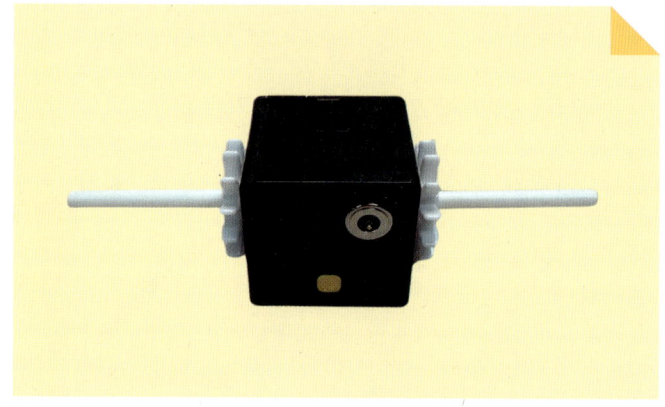

9 **3** 에서 만든 네모 모양 한가운데에 있는 연결고리 에 **8** 번에서 만든 **3번 막대** 반대쪽을 끼워서 연결해요.

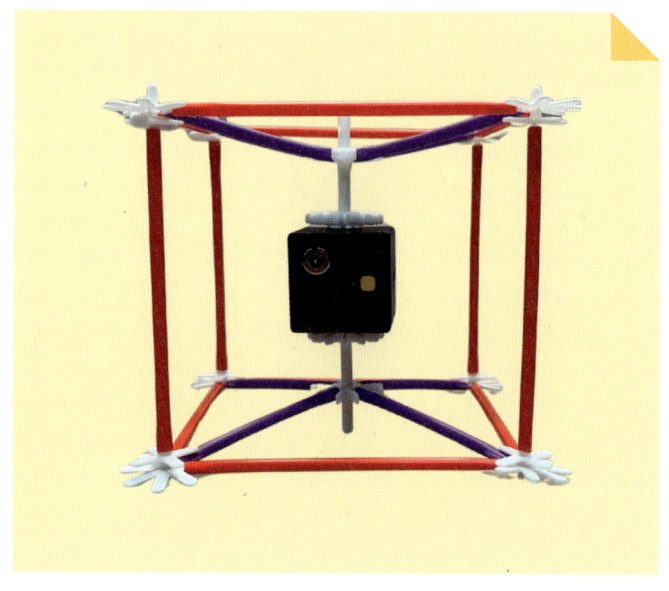

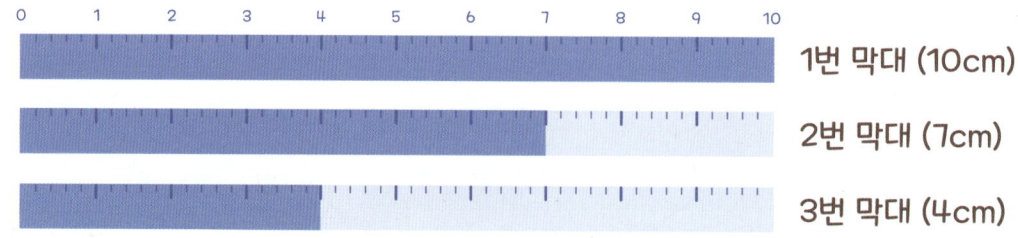

1번 막대 (10cm)
2번 막대 (7cm)
3번 막대 (4cm)

내가 바로 프로그래머

 필요한 블록을 알아봅시다.

내가 바로 프로그래머

 사용할 배경과 스프라이트, 소리를 선택해 봅시다.

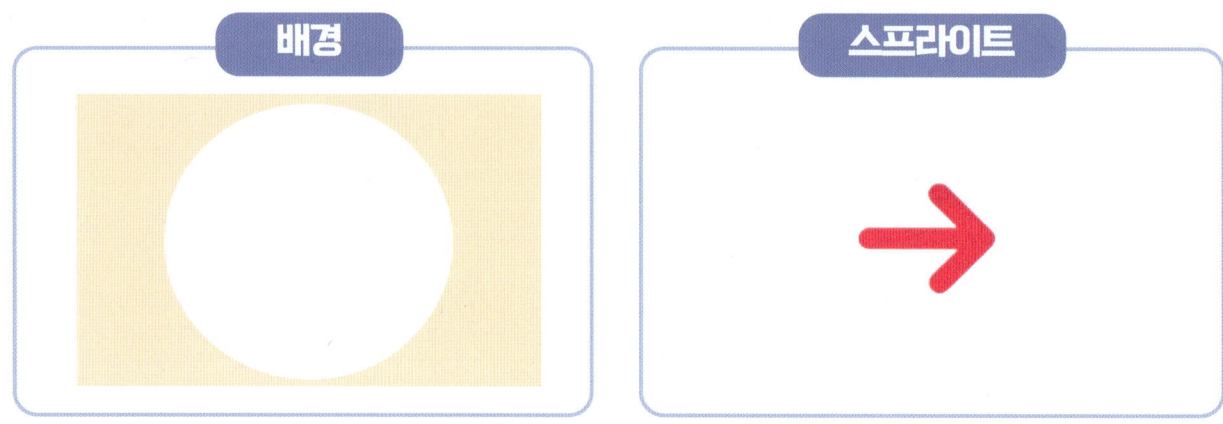

3 프로그래밍을 해 봅시다.

1 큐브를 동그라미 방향으로 기울이면 스프라이트의 모양을 바꾸고 모든 소리를 끈 다음 선택한 소리를 재생하도록 코딩해 보세요.

※ 모든 소리 끄기를 사용하지 않으면 여러 소리가 섞이게 됩니다.

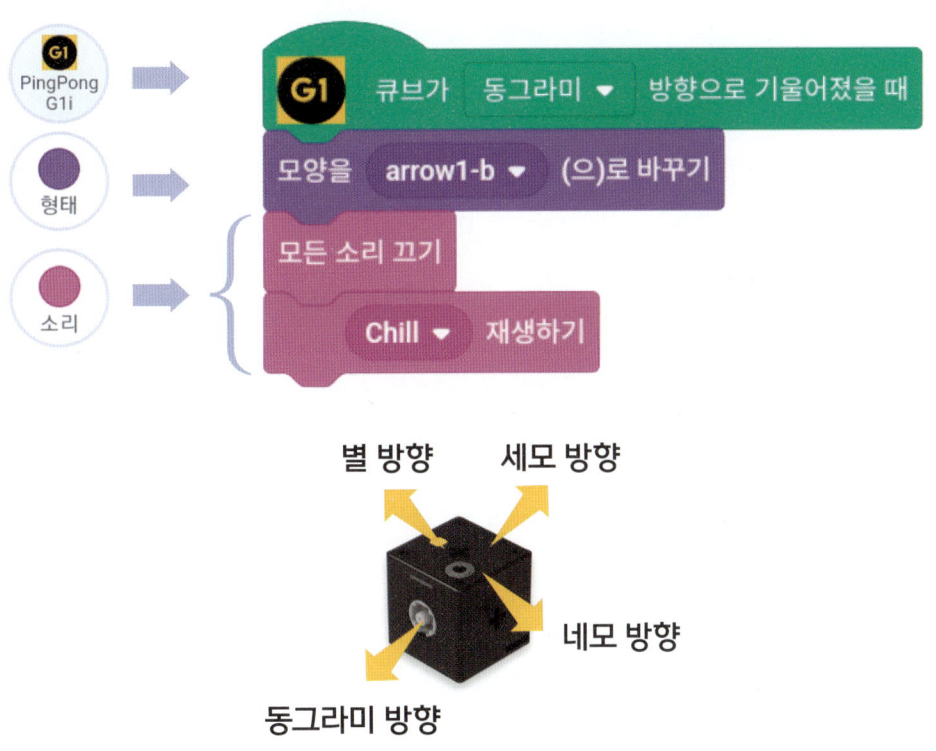

10. 우리의 하루

내가 바로 프로그래머

2 여러 방향으로 기울이면 스프라이트의 모양을 바꾸고 모든 소리를 끈 다음 선택한 소리를 재생하도록 코딩해 보세요.

※ 화살표의 방향은 남쪽을 바라보고 동쪽에서 서쪽으로 해가 지는 것을 반영하여 왼쪽(동그라미 모양, 아침)부터 위쪽(별 모양, 점심), 오른쪽(세모 모양, 저녁), 아래쪽(네모 모양, 밤)으로 이동하도록 합니다.

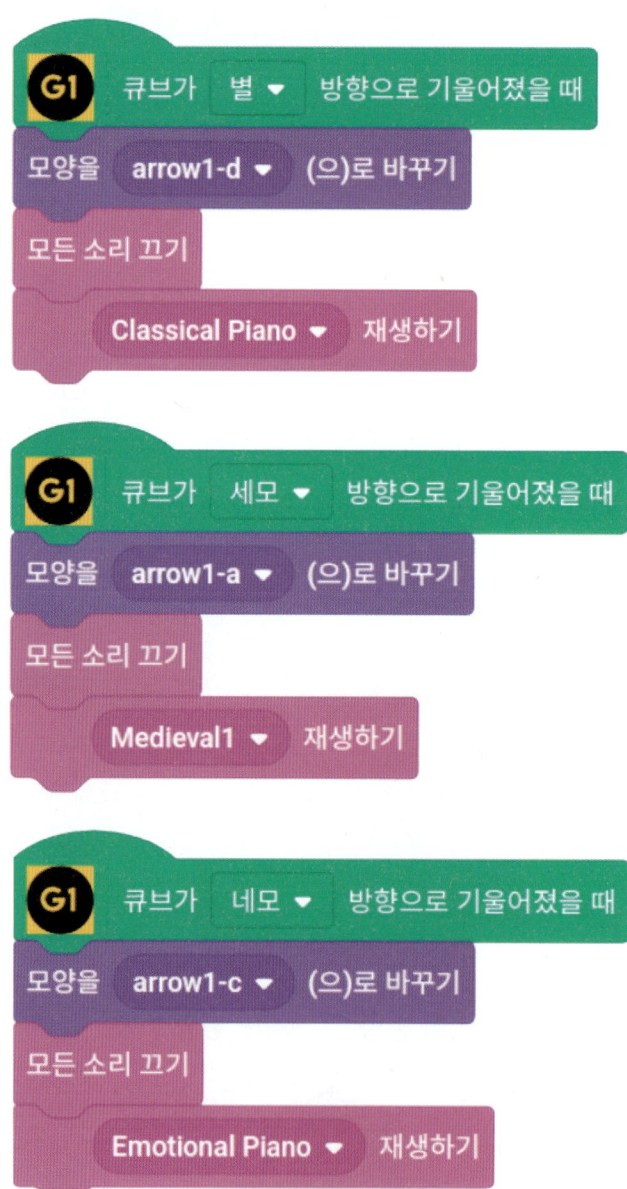

이런 것도 할 수 있어요

 앞에서 만들어 본 음악 상자에 추가하고 싶은 것이 있나요?
그려서 붙이거나, 막대를 추가하여 나만의 음악 상자를 꾸며 보세요.

추가하고 싶은 것	추가하는 방법

2 음악 상자의 방향을 바꾸면 기분에 따라 다른 음악이 재생되게 하려면 블록의 어느 부분을 바꿔야 할까요?

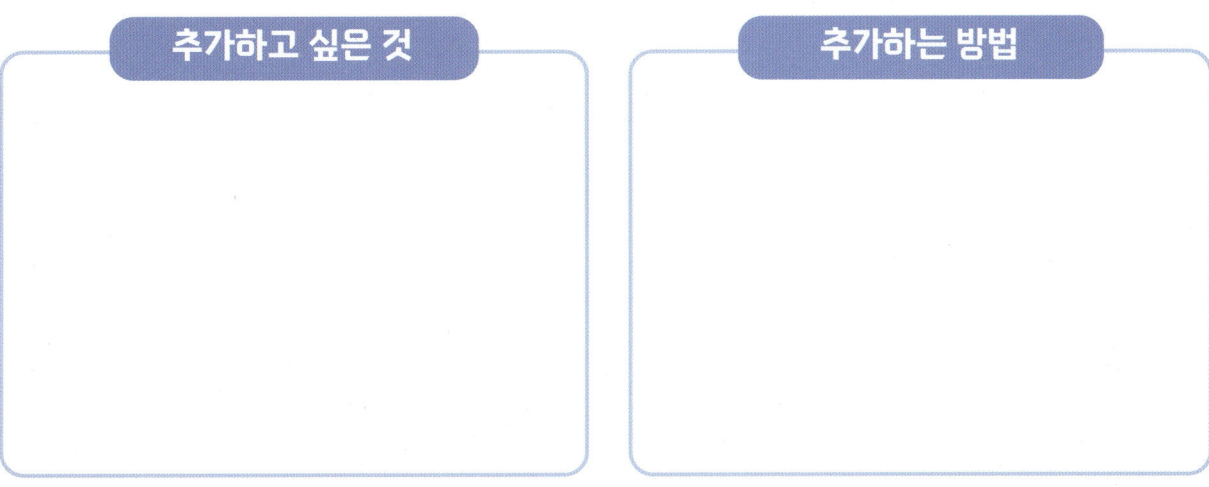
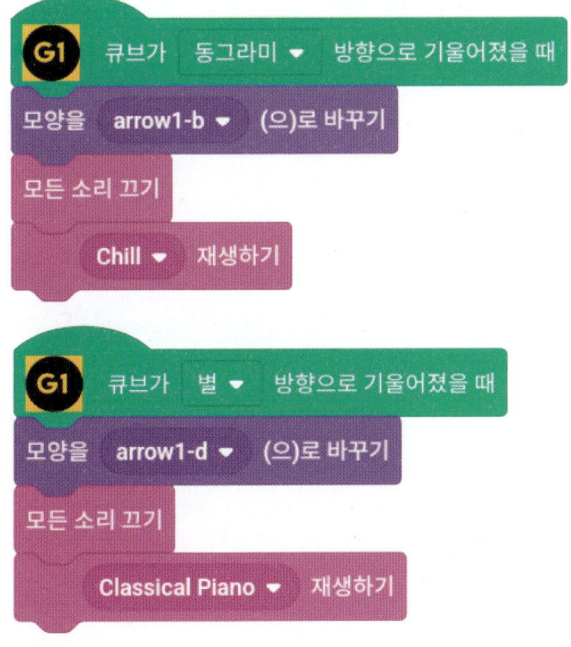

10. 우리의 하루

우리 마을 탐험대

포디프레임을 사용하여 집을 만들 수 있어요.
스크래치에 우리 마을을 배경으로 그리고, 큐브를 기울여 마을을 탐험할 수 있어요.

'마을에 가면' 놀이하기

우리 마을에서 가본 장소를 이야기 해보고, '마을에 가면' 놀이를 해 봅시다.

마을에 가면 **서점**도 있고♩

마을에 가면 **서점**도 있고, **마트**도 있고♩

마을에 가면 **서점**도 있고, **마트**도 있고, **문구점**도 있고♩

우리 마을에서 자주 가 본 곳을 이야기해 볼까요?

우리 마을에서 내가 좋아하는 장소는 어디인가요?

오늘은 우리 마을 여러 장소를 함께 탐험해 보아요.

 **생각열기**

우리 마을에서 내가 좋아하는 장소를 그림이나 글로 표현해 봅시다.

 **오늘의 작품을 소개합니다**

포디프레임을 다양한 방법으로 연결해 멋진 집을 만들어 보아요.

필요한 준비물을 알아보아요

핑퐁 큐브 1개

핑퐁 스크래치 앱

포디프레임

필요한 준비물을 함께 찾아보아요

포디프레임 막대를 직접 대보고 크기를 비교해서 준비해 봅시다.

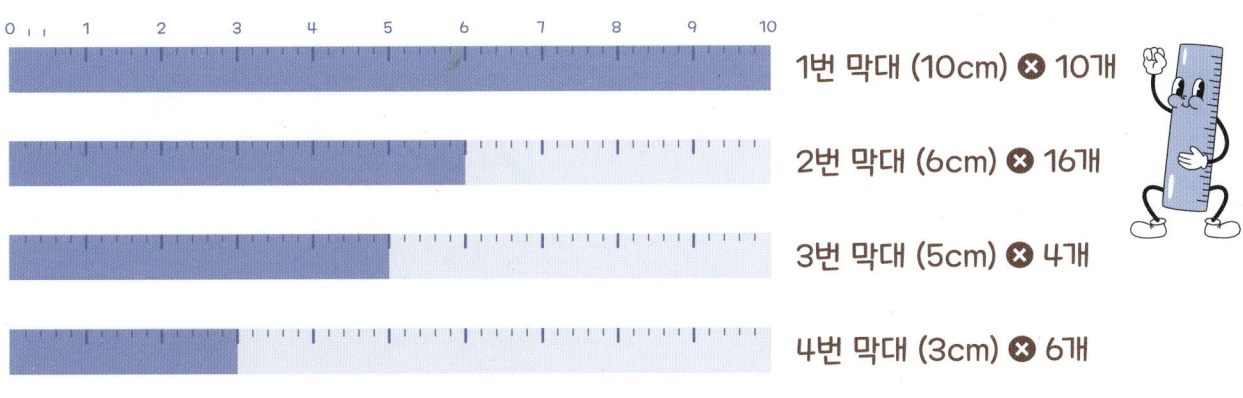

1번 막대 (10cm) ⊗ 10개
2번 막대 (6cm) ⊗ 16개
3번 막대 (5cm) ⊗ 4개
4번 막대 (3cm) ⊗ 6개

4발 × 5개

3발 × 8개

물음표 고리 × 8개

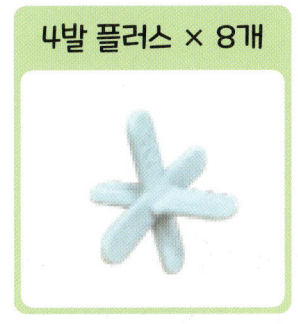
4발 플러스 × 8개

뚝딱뚝딱 함께 만들어요

핑퐁 큐브와 포디프레임으로 집을 만들어 봅시다.

1  에 **2번 막대** 4개를 끼워서 사진과 같이 만들어요.

2 **1**의 위 아래에 ⋏ 를 각각 끼우고 **2번 막대**를 2개씩 더 끼워서 사진과 같이 만들어요.

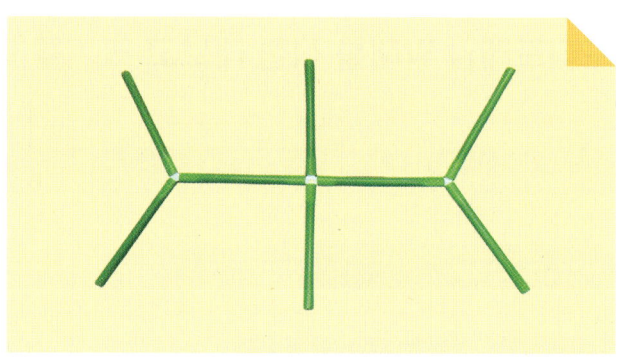

3 **2**의 남은 구멍에 ⋏ 를 모두 끼워서 사진처럼 만들어요.

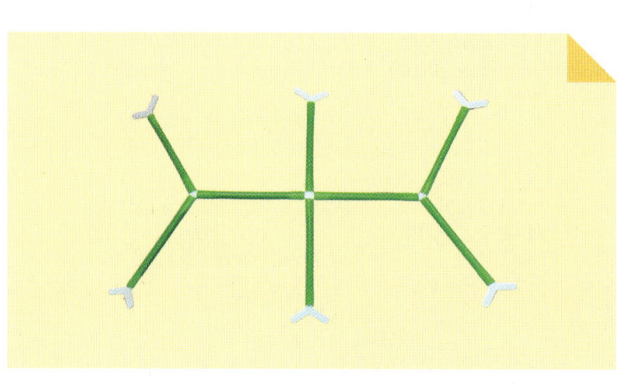

2번 막대 (6cm)

130 포디큐브와 함께하는 피지컬코딩

4 **3**에 **4번 막대** 6개를 추가로 끼워 사진과 같이 만들어요.

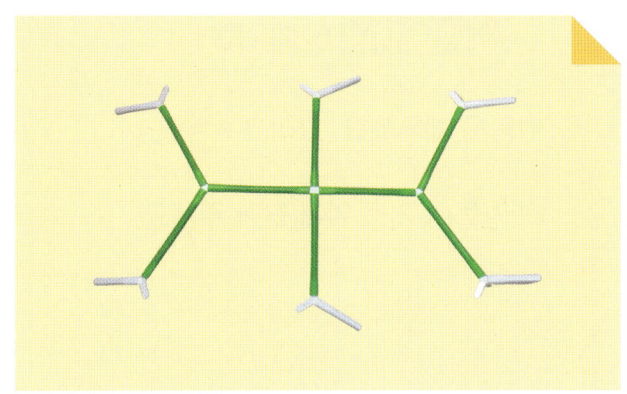

5 **2번 막대** 2개를  로 이어주세요. (2개 만들어요.)

6 **5**와 **1번 막대** 2개, ✻ 를 이용해서 큰 네모를 만드세요.

4번 막대 (3cm)

2번 막대 (6cm)

1번 막대 (10cm)

11. 우리 마을 탐험대

7 **6** 에 **1번 막대** 6개를 꽂아서 기둥을 세우세요. 그리고 **6** 을 하나 더 만들어 기둥 위에 꽂아 주세요.

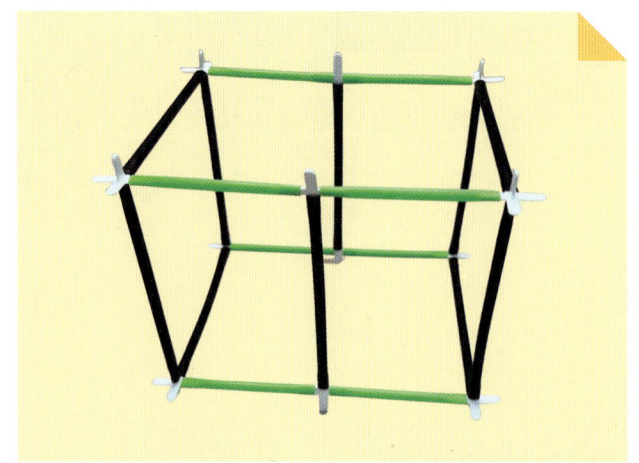

8 **4** 에서 만든 지붕을 **7** 위에 꽂아서 집 모양을 만드세요.

9 **3번 막대** 4개의 끝에 각각 🔗 를 연결해서 사진처럼 만드세요.

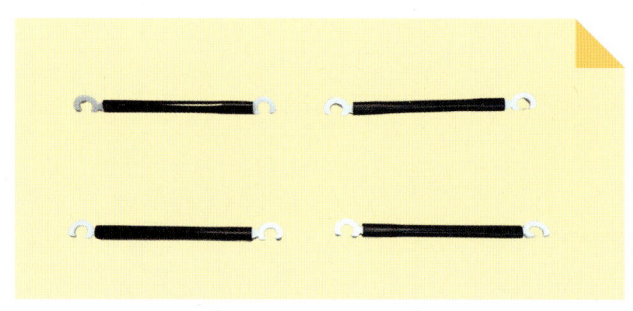

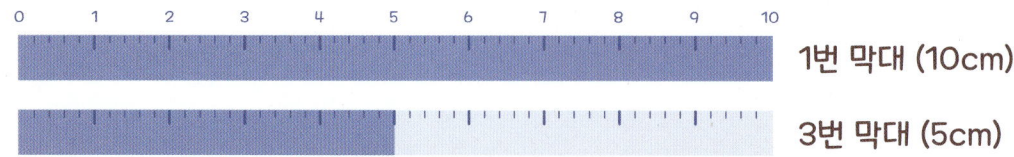

1번 막대 (10cm)
3번 막대 (5cm)

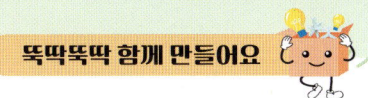

10 **9**를 벽에 + 모양으로 연결해서 창문처럼 꾸며주면 나만의 집 **완성!**

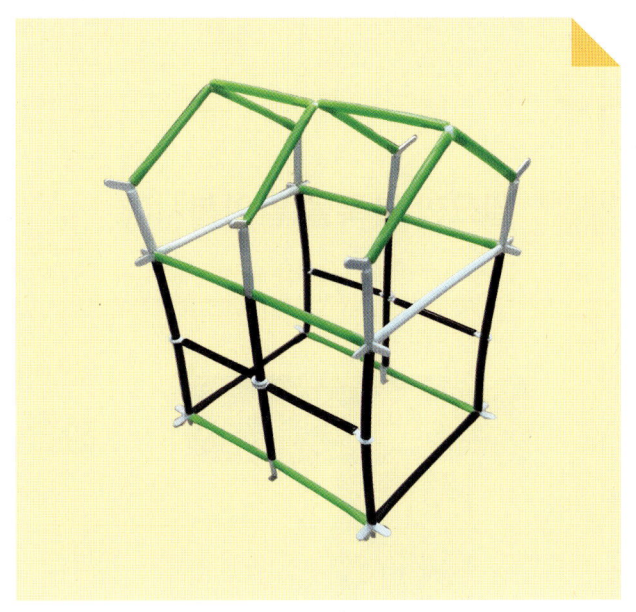

너무 어렵다면? 좀 더 쉽게 만들 수도 있어요!

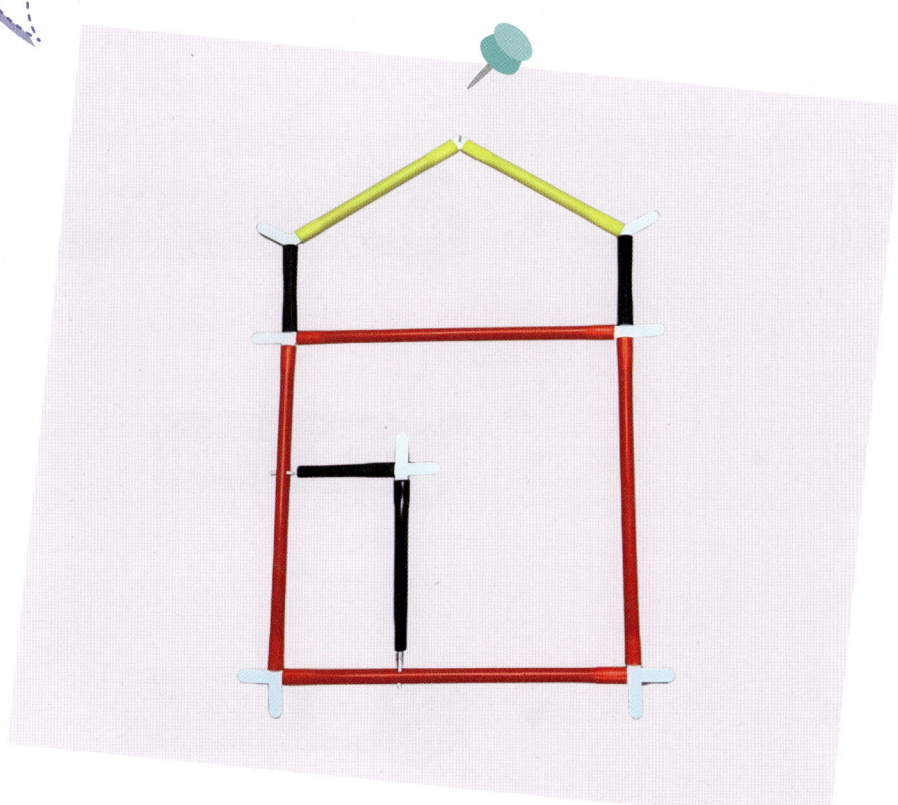

11. 우리 마을 탐험대 133

내가 바로 프로그래머

 필요한 블록을 알아봅시다.

스프라이트가 화살표가 가리키는 방향을 향합니다.

0은 위쪽, 90은 오른쪽,
180은 아래쪽, -90은 왼쪽을 향합니다.

스프라이트가 향한 방향으로 입력한 수만큼 움직입니다.

큐브가 어느 방향으로 기울어졌을 때 ●   ●

방향을 정하기 ●   ●

방향으로 움직이기 ●   ●

2 사용할 배경(우리 마을)을 그려 봅시다.

11. 우리 마을 탐험대

내가 바로 프로그래머

3 프로그래밍을 해 봅시다.

 큐브를 기울이면 스프라이트가 방향을 바꾸고 10만큼 움직이도록 코딩해 보세요.

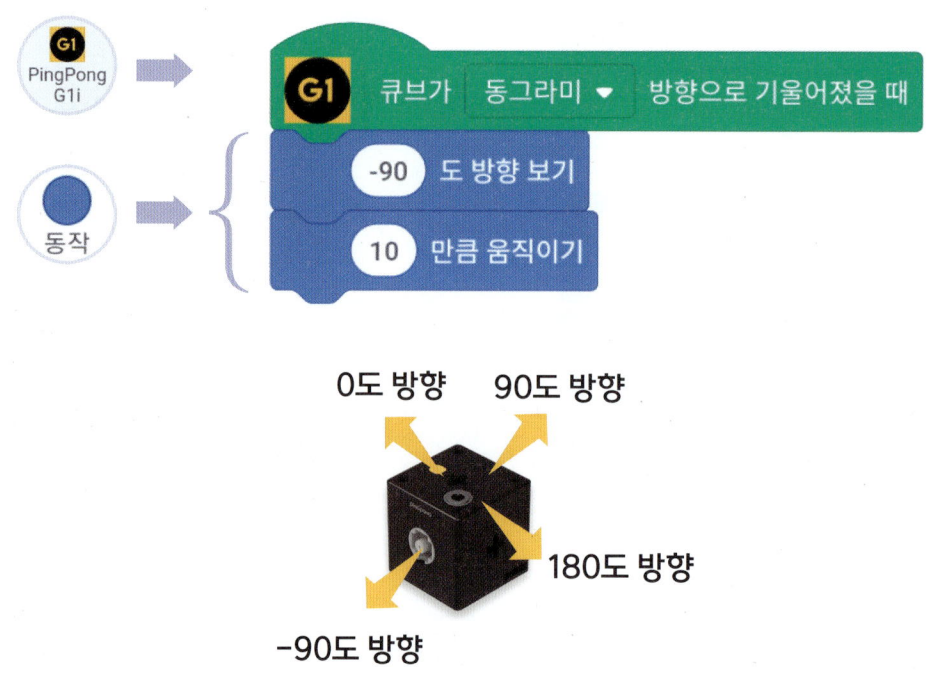

② 여러 방향으로 기울이면 스프라이트가 방향을 바꾸고 10만큼 움직이도록 코딩해 보세요.

11. 우리 마을 탐험대

이런 것도 할 수 있어요

 앞에서 만들어 본 집에 추가하고 싶은 것이 있나요?
그려서 붙이거나, 막대를 추가하여 나만의 집을 꾸며 보세요.

추가하고 싶은 것	추가하는 방법

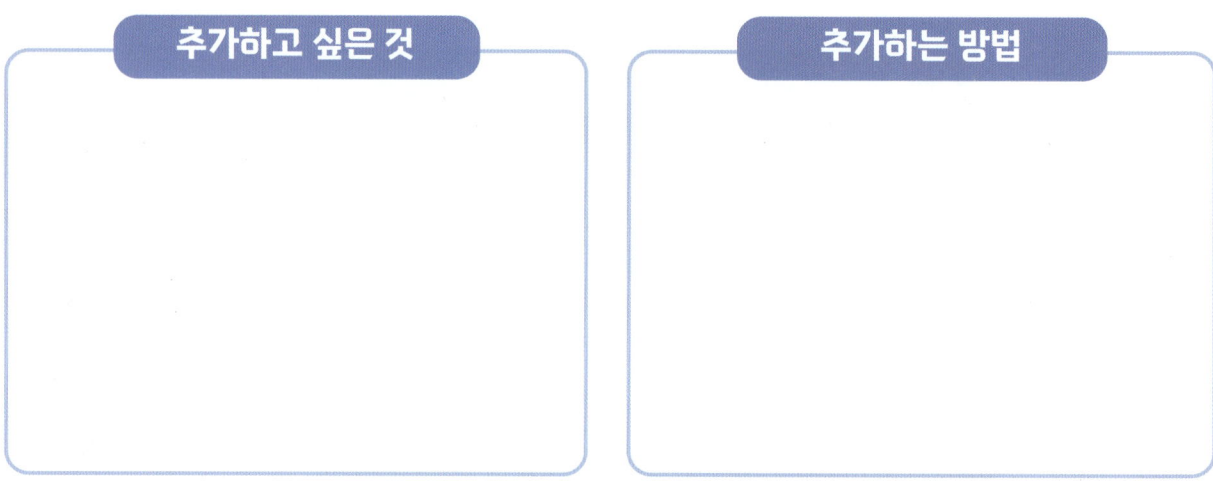 고양이 스프라이트가 대각선으로 움직이기 위해서는 블록의 어느 부분을 어떻게 바꿔야 할까요?

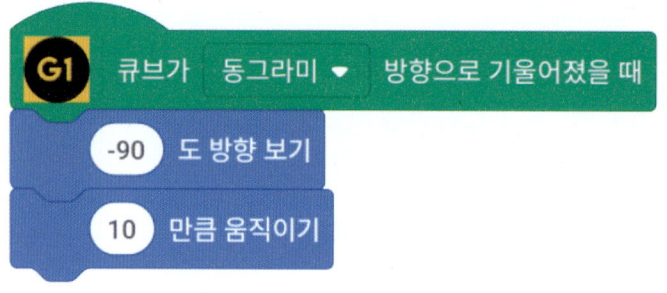

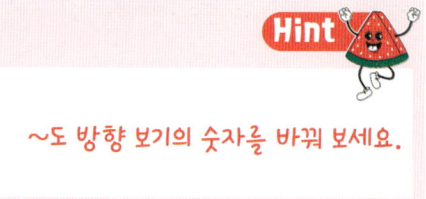

~도 방향 보기의 숫자를 바꿔 보세요.

 # 나비야 나비야

- 포디프레임을 사용하여 나비를 만들 수 있어요.
- 스크래치로 동요 '나비야' 노래를 연주할 수 있어요.

나도 나비가 되고 싶어요.

동요 '나비야'를 함께 부르며 나비처럼 춤춰 봅시다.

[동요] 나비야

(출처: 유튜브 도담도담 포켓스쿨)

- '나비야' 노래를 부르며 춤을 추니 어떤 느낌이 들었나요?
- 여러분이 만약 나비가 된다면 무엇을 해 보고 싶나요?
- 오늘은 스크래치로 '나비야' 노래를 연주해 보아요.

 **생각열기**

내가 나비가 된다면 하고 싶은 것을 그림이나 글로 표현해 봅시다.

 **오늘의 작품을 소개합니다**

포디프레임으로 날개가 움직이는 예쁜 나비를 만들어 보아요.

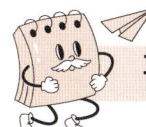
필요한 준비물을 알아보아요

핑퐁 큐브 1개

핑퐁 스크래치 앱

포디프레임

필요한 준비물을 함께 찾아보아요

포디프레임 막대를 직접 대보고 크기를 비교해서 준비해 봅시다.

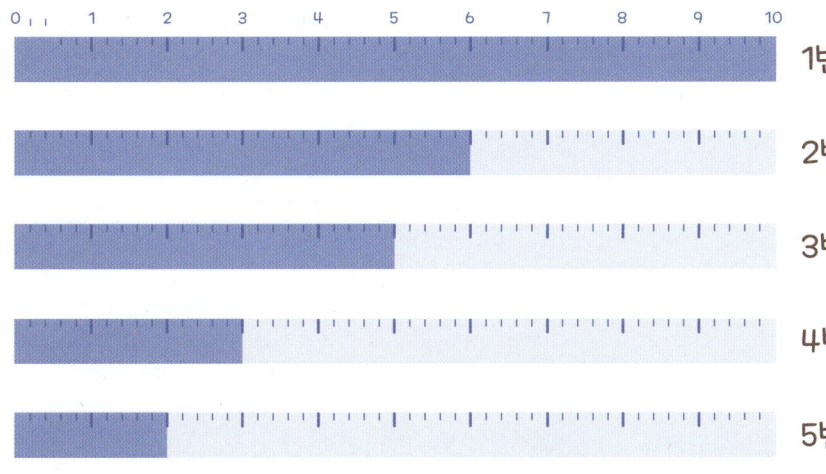

1번 막대 (10cm) ✖ 1개
2번 막대 (6cm) ✖ 2개
3번 막대 (5cm) ✖ 4개
4번 막대 (3cm) ✖ 6개
5번 막대 (2cm) ✖ 4개

3발 × 1개	브이발 × 2개	2발 × 8개	물음표 고리 × 8개	큐브연결부 × 1개	12발 × 1개

12. 나비야 나비야

뚝딱뚝딱 함께 만들어요

핑퐁 큐브와 포디프레임으로 나비를 만들어 봅시다.

1. 에 **1번 막대** 1개를 사진과 같이 끼워요.

2. 1 에 **5번 막대** 2개를 끼워서 사진과 같이 만들어요.

3. **2번 막대** 1개에 를 끼워서 사진과 같이 만들어요.

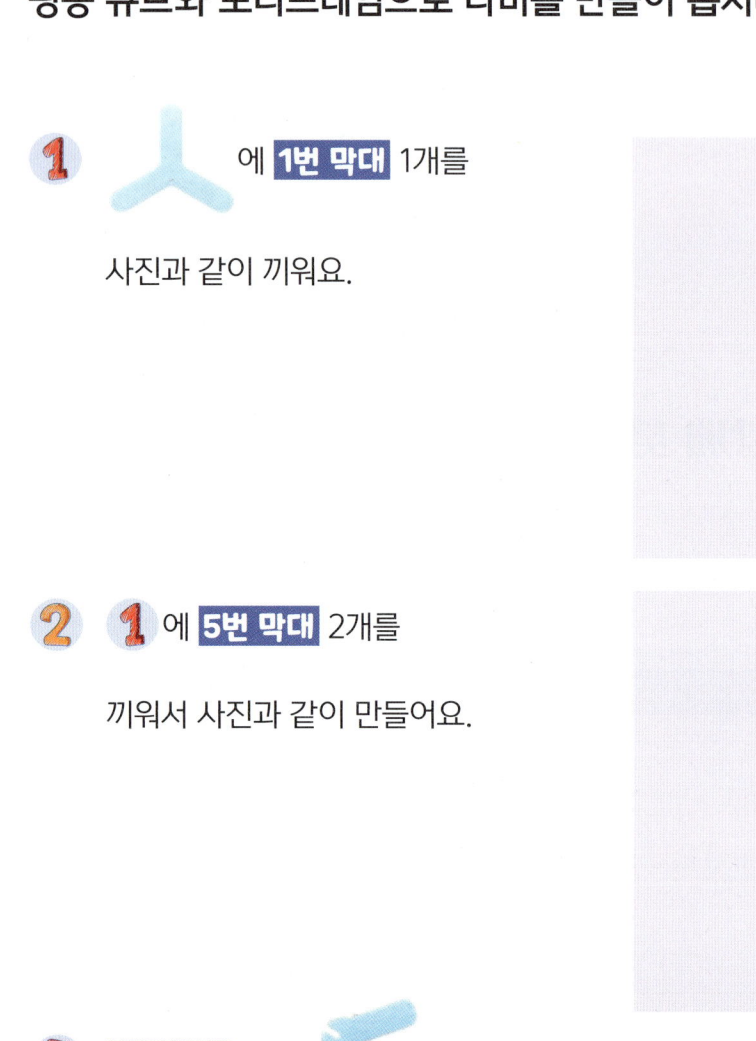

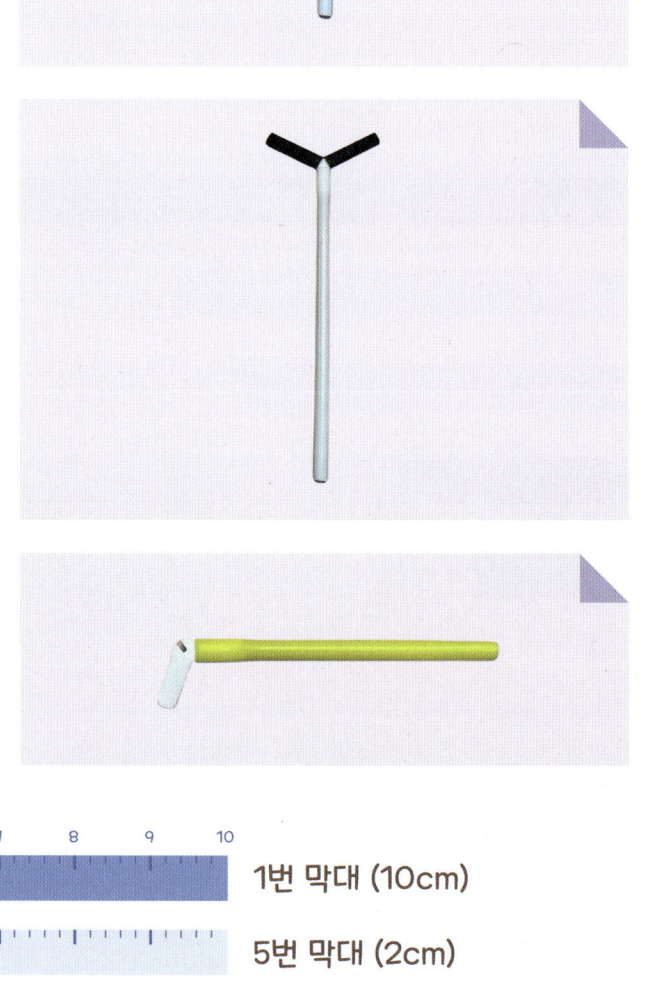

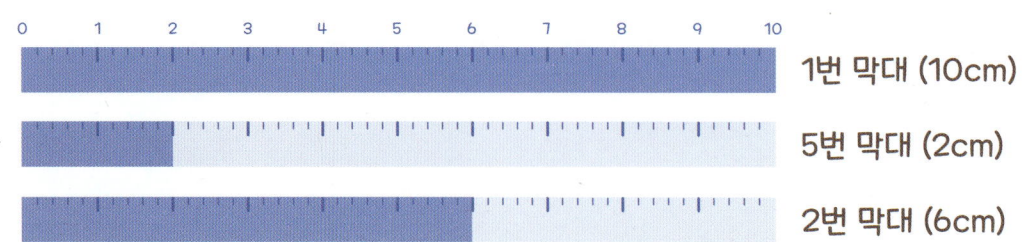

1번 막대 (10cm)

5번 막대 (2cm)

2번 막대 (6cm)

4 ③에서 끼운  에

5번 막대 1개와  를

차례대로 연결해요.

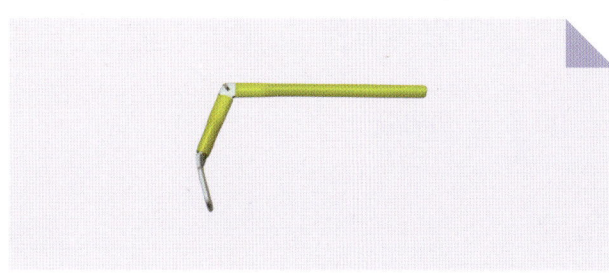

5 ④에 **4번 막대** 1개와

 를

차례대로 연결해요.

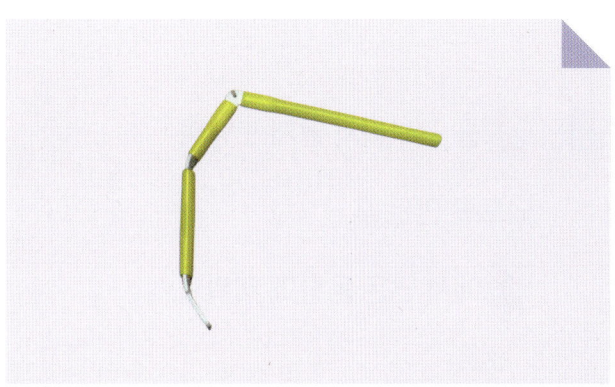

6 ⑤에 **3번 막대** 1개를 연결해요.

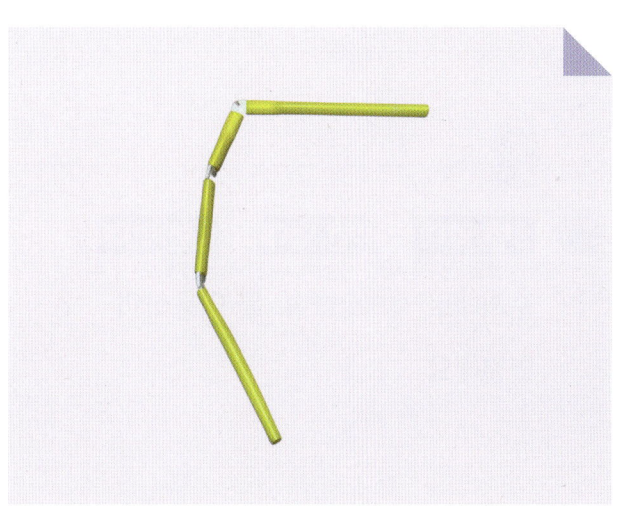

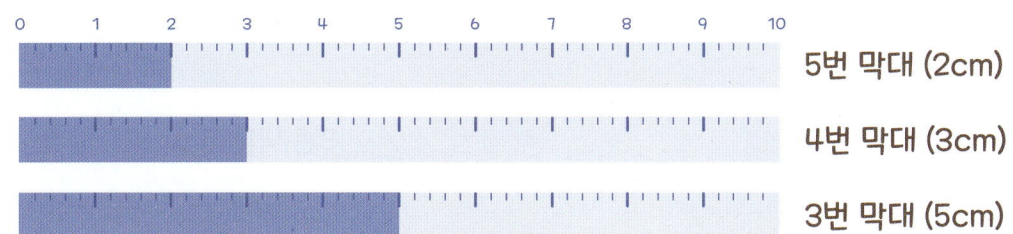

5번 막대 (2cm)

4번 막대 (3cm)

3번 막대 (5cm)

12. 나비야 나비야 **143**

7 **6**의 양 쪽 끝에 를 끼워요.

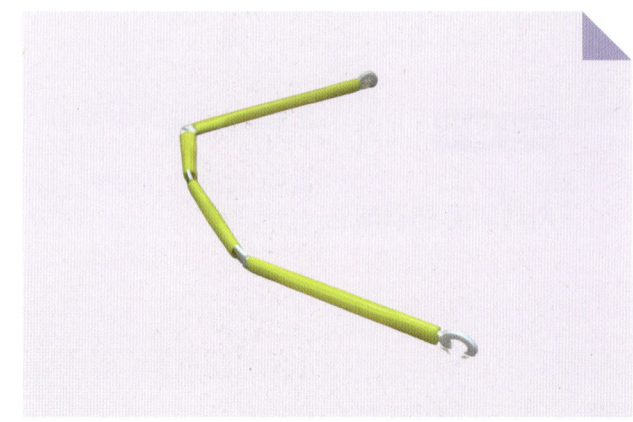

8 **7**을 구부려서 날개 모양이 되도록 만든 후, **2**에서 만든 몸통에 끼워요.

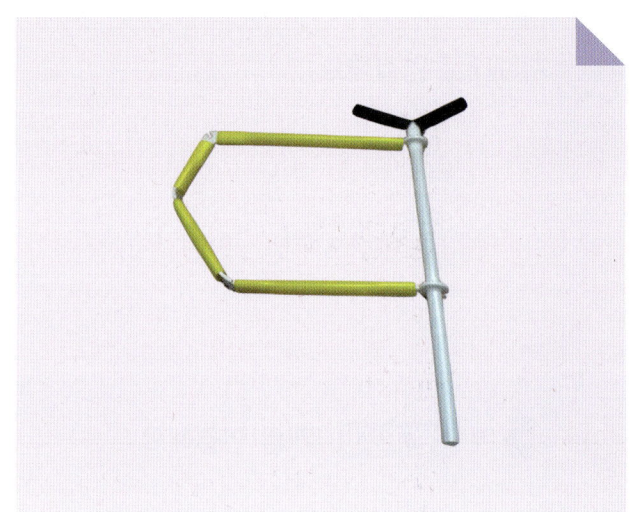

9 3번 막대 - 4번 막대 - 4번 막대를 순서대로 를 이용하여 연결해요.

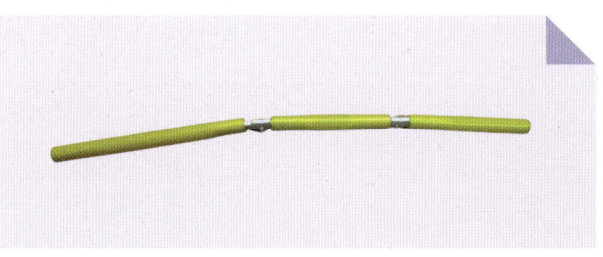

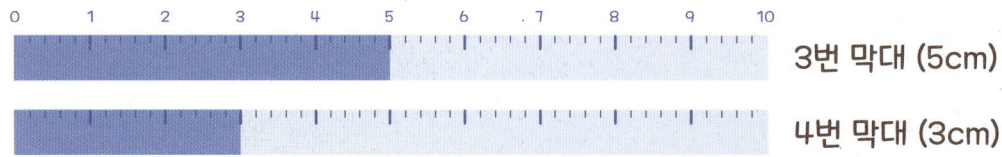

3번 막대 (5cm)

4번 막대 (3cm)

10 의 양 쪽 끝에 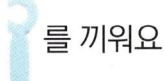를 끼워요.

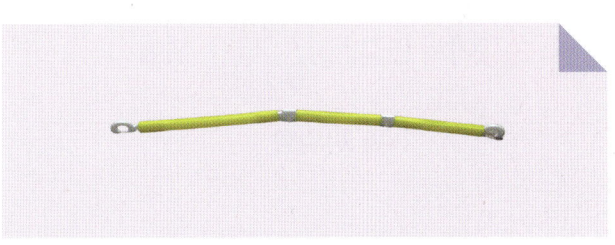

11 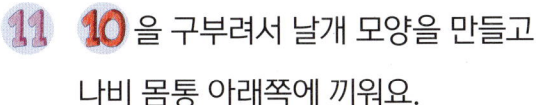을 구부려서 날개 모양을 만들고 나비 몸통 아래쪽에 끼워요.

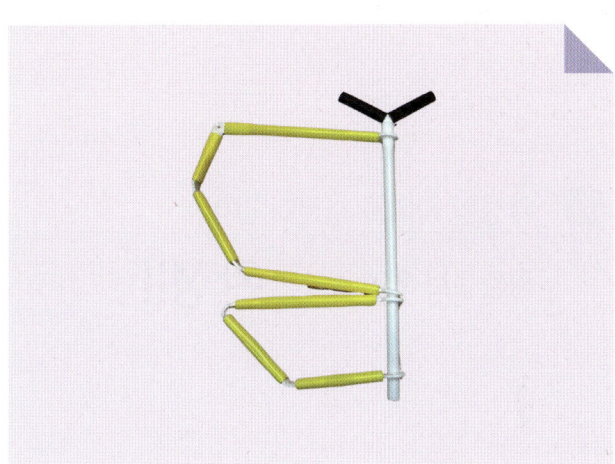

12 반대쪽 똑같은 방법으로 만들어서 연결해주세요.

13 핑퐁 큐브의 하얀색 연결부에 를 끼워요.

12. 나비야 나비야

14 **13**에서 연결한  위에 를 끼워요.

15 완성한 나비를 사진과 같이 핑퐁큐브 위에 꽂으면 **완성!!**

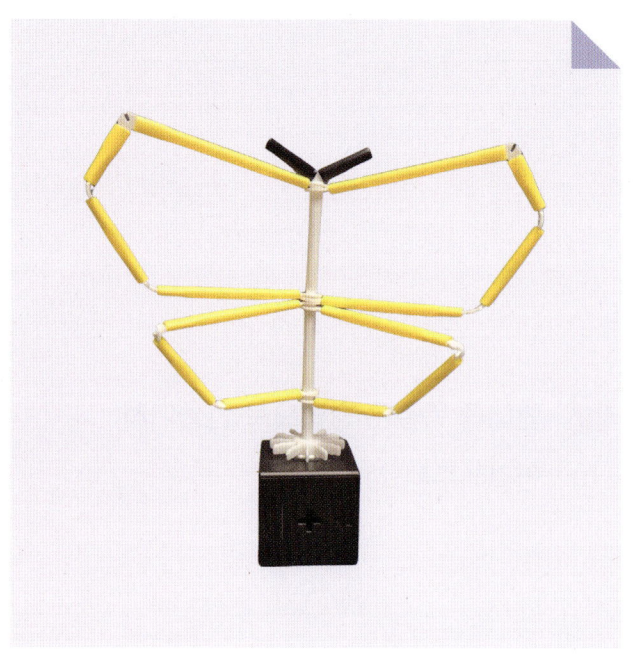

내가 바로 프로그래머

 필요한 블록을 알아봅시다.

선택한 음을 입력한 박자로 연주합니다.

큐브 단추를 눌렀을 때 ●　　●

음 연주하기 ●　　●

 사용할 배경과 스프라이트를 선택해봅시다.

배경

스프라이트

12. 나비야 나비야

내가 바로 프로그래머

3 프로그래밍을 해 봅시다.

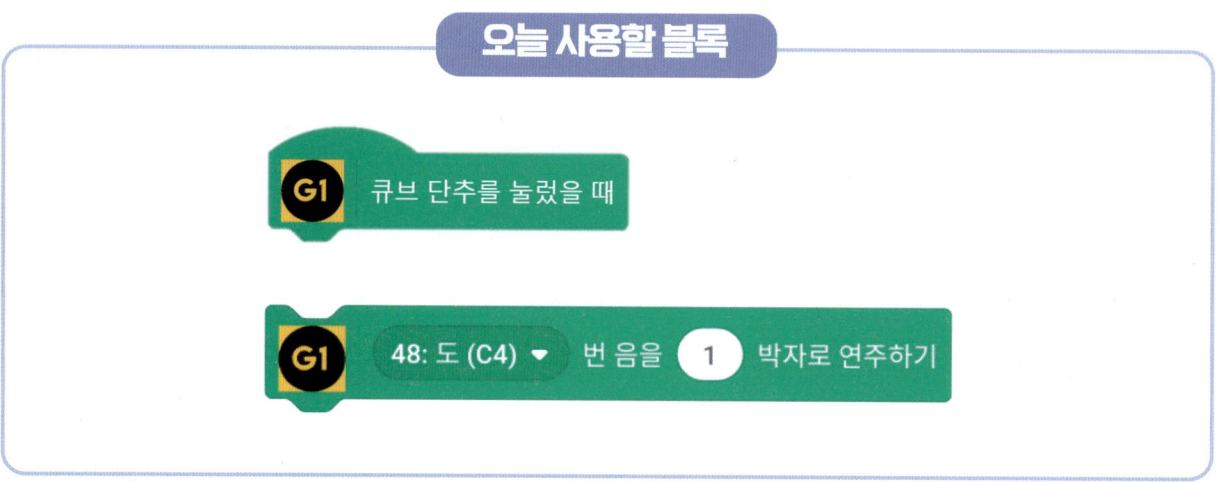

큐브 단추를 누르면 '나비야' 음악의 '나비야~ 나비야' 부분이 연주되도록 코딩해 보세요.

※ 연주하는 음을 순서대로 아래에 연결하세요.
※ 실행 시 큐브 단추를 길게 누르면 큐브의 연결이 끊어지니 유의하세요.

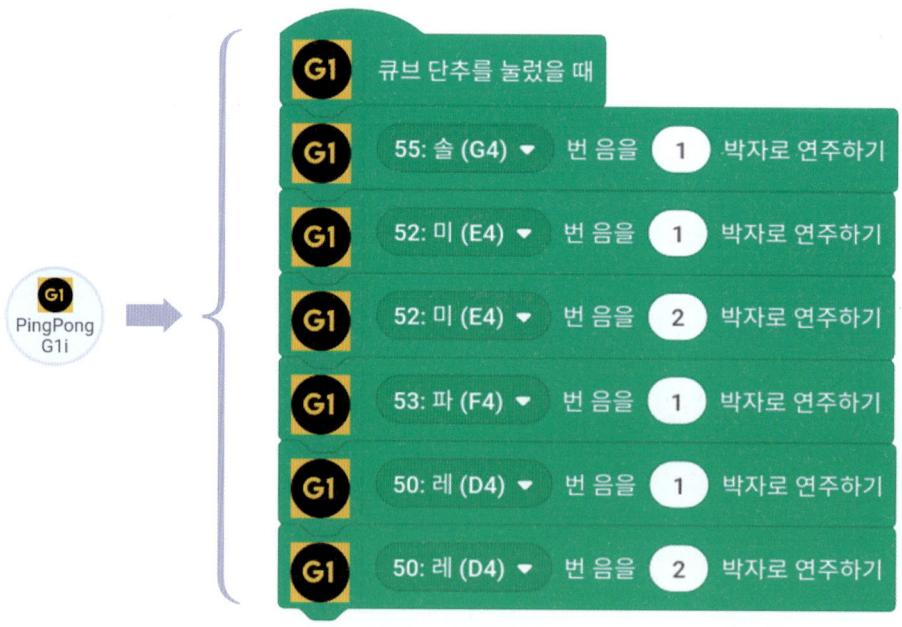

이런 것도 할 수 있어요

 앞에서 만들어 본 나비에 추가하고 싶은 것이 있나요?
그려서 붙이거나, 막대를 추가하여 나만의 나비를 꾸며 보세요.

추가하고 싶은 것	추가하는 방법

 '나비야' 곡을 전체 연주하려면 어떤 블록을 추가해야 할까요?

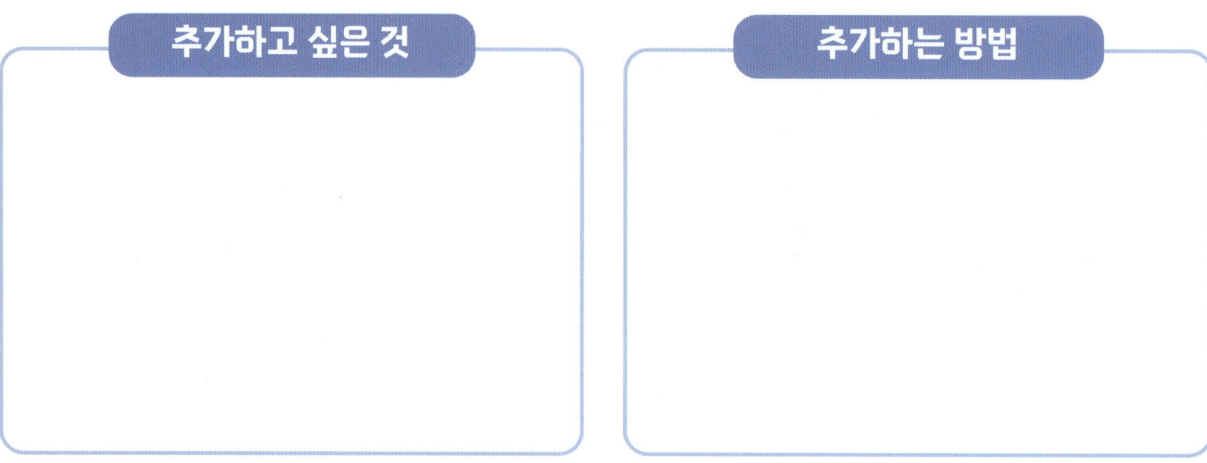

 '나비야' 곡을 전체 연주하려면 추가해야 하는 음을 떠올려 보고, 순서대로 연결해 보세요.

부록

| 부록 1 | 액자 만들기(봄, 여름) |
| | 액자 만들기(가을, 겨울) |

부록 2 마음별 만들기

부록 3 오르골 인형

✂ 가위선을 따라 오려서 작품을 만들어 보세요.

직접 그려서 잘라도 좋아요.

빈 페이지

부록 2 마음별 만들기

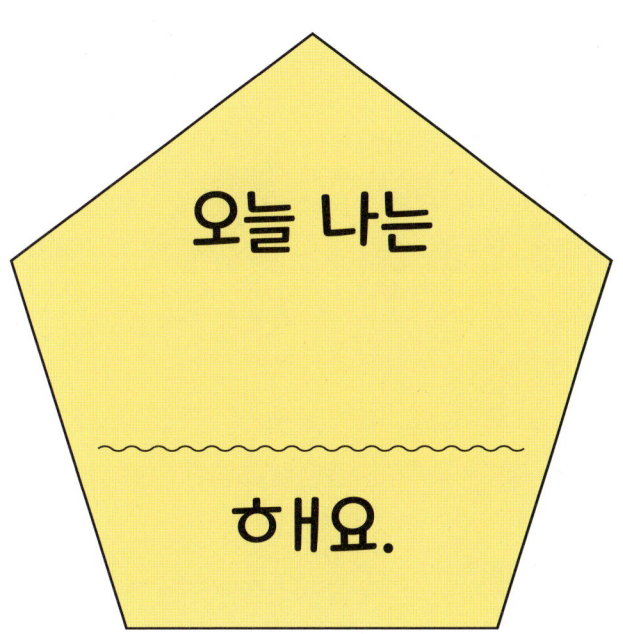

부록 1 액자 만들기(가을, 겨울)

빈 페이지

부록 1 액자 만들기(봄, 여름)

빈 페이지